KB212311

근현대 전법 선맥(傳法禪脈)

75조 경허 성우(鏡虛 惺牛) 전법선사

홀연히 콧구멍 없는 소 되라는 말끝에 　　忽聞人語無鼻孔
삼천계가 내 집임을 단박에 깨달았네 　　頓覺三千是我家
유월의 연암산을 내려가는 길에서 　　六月鷰岩山下路
일없는 야인이 태평가를 부르노라 　　野人無事太平歌

76조 만공 월면(滿空 月面) 전법선사 　전법게

구름과 달, 산과 계곡이라, 곳곳에서 같음이여 　雲月溪山處處同
선가의 나의 제자 수산의 큰 가풍일세 　　曳山禪子大家風
은근히 무문인을 그대에게 분부하니 　　慇懃分付無文印
이 기틀의 방편이 활안 중에 있노라 　　一段機權活眼中

* 제75조 경허 성우 전법선사 전함 / 제76조 만공 월면 전법선사 받음

77조 전강 영신(田岡 永信) 전법선사

불조도 전한 바 없어서 　　佛祖未曾傳
나 또한 얻은 바 없음을… 　　我亦無所得
가을빛 저물어 가는 날에 　　此日秋色暮
뒷산의 원숭이가 울고 있네 　　猿嘯在後峰

* 제76조 만공 월면 전법선사 전함 / 제77조 전강 영신 전법선사 받음

78대 농선 대원(弄禪 大圓) 전법선사 　전법게

부처와 조사도 일찍이 전한 것이 아니거늘 　佛祖未曾傳
나 또한 어찌 받았다 하며 준다 할 것인가 　我亦何受授
이 법이 2천년대에 이르러서 　　此法二千年
널리 천하 사람을 제도하리라 　　廣度天下人

　부송(付頌)

어상을 내리지 않고 이러-히 대한다 함이여 　不下御床對如是
뒷날 돌아이가 구멍 없는 피리를 불리니 　後日石兒吹無孔
이로부터 불법이 천하에 가득하리라 　　自此佛法滿天下

* 제77조 전강 영신 전법선사 전함 / 제78대 농선 대원 전법선사 받음

이 오도송과 전법게는 농선 대원 선사님께서 법리에 맞도록 새롭게 번역한 것입니다.

불조정맥 제 77조 대한불교 조계종 전강 대선사님께서는, 16세에 출가하여 23세 때 첫 깨달음을 얻고 25세에 인가를 받으셨다. 당대의 7대 선지식인 만공, 혜봉, 혜월, 한암, 금봉, 보월, 용성 선사님의 인가를 한 몸에 받으셨으며, 이 중 만공 선사님께 전법계를 받아 그 뒤를 이으셨다. 당대의 선지식들이 모두 극찬할 정도로 그 법이 뛰어나서 '지혜제일 정전강'이라 불렸다.

33세의 최연소의 나이로 통도사 조실을 하셨고, 법주사, 망월사, 동화사, 범어사, 천축사, 용주사, 정각사 등 유명선원 조실을 역임하시고 인천 용화사 법보선원의 조실로 일생을 마치셨다.

1975년 1월 13일, 용화사 법보선원의 천여 명 대중 앞에서 "어떤 것이 생사대사(生死大事)인고?" 자문한 후에 "악! 구구는 번성(飜成) 팔십일이니라."라고 법문한 뒤, 눈을 감고 좌탈입망하셨다.

다비를 하던 날, 화려한 불빛이 일고 정골에서 구슬 같은 사리가 무수히 나왔다.

열반하시기까지 한결같이 공안 법문으로 최상승법을 드날리셨으니 그 투철한 깨달음과 뛰어난 법, 널리 교화하기를 그치지 않으셨던 점에 있어서 한국 근대 선종의 거목이라 일컬어지고 있다.

불조정맥 제 78대 농선 대원 전법선사님
- 전강대법회에서 법문 중 할을 하시는 모습

오로지 정법만을 깨닫기 서원합니다.

입을 열면 정법만을 설하기 서원합니다.

중생이 다하는 그날까지 교화하기 서원합니다.

- 농선 대원 전법선사의 3대 서원

불교 8대 선언문

불교는 자신에게서 영생을 발견하게 한 유일한 종교이다.

불교는 자신에게서 모든 지혜를 발견하게 한 유일한 종교이다.

불교는 자신에게서 모든 능력을 발견하게 한 유일한 종교이다.

불교는 자신에게서 모든 것을 이루게 한 유일한 종교이다.

불교는 자신에게서 극락을 발견하게 한 유일한 종교이다.

불교는 깨달으면 차별 없어 평등하다는 유일한 종교이다.

불교는 모든 억압 없이 자신감을 갖게 한 유일한 종교이다.

불교는 그러므로 온 누리에 영원할 만인의 종교이다.

- 농선 대원 전법선사 주창

전세계의 불교계에서 통일시켜야 할 일

경전의 말씀대로 32상과 80종호를 갖춘 불상으로 통일해야 한다.

예불 드리는 법을 통일해야 한다.

불공의식을 통일해야 한다.

- 농선 대원 전법선사 주창

2018년 이룬절 포천정맥선원 농선 대원 선사님의 법회

대방광불화엄경

大 方 廣 佛 華 嚴 經

제 32 권

십회향품 ⑩

十 廻 向 品

도서출판 문젠(구, 바로보인)은 정맥선원에서 운영하고 있습니다.

* 인제산(人濟山) 성불사(成佛寺) 국제정맥선원
  경기도 포천시 내촌면 소리개길 86-178 ☎ 031-531-8805 ☎ 010-6431-8805
* 인제산(人濟山) 이룬절 포천정맥선원
  경기도 포천시 내촌면 소리개길 86-123 ☎ 031-531-2433 ☎ 010-3880-8980
* 자모산(慈母山) 육조사(六祖寺) 청도정맥선원
  경북 청도군 매전면 동산리 산 50 ☎ 010-9800-6109
* 백양산(白楊山) 자모사(慈母寺) 부산정맥선원
  부산시 동래구 아시아드대로 114번길 10 대륙코리아나 2층 212호
  ☎ 051-503-6460 ☎ 010-2951-8667
* 광암산(光巖山) 성도사(成道寺) 광주정맥선원
  광주광역시 광산구 삼도광암길 34 ☎ 062-944-4088 ☎ 010-8670-1445
* 대통산(大通山) 대통사(大通寺) 해남정맥선원
  전남 해남군 화산면 송계길 132-98 중정마을 ☎ 061-536-6366 ☎ 010-8938-2438

바로보인 불법 ❸❽

화 엄 경 32권

초판 1쇄 펴낸날 단기 4351년, 불기 3045년, 서기 2018년 11월 20일

역   저 농선 대원 선사
펴 낸 곳 도서출판 문젠(Moonzen Press)
          11192,경기도 포천시 내촌면 소리개길 86-178
          전화 031-534-3373 팩스 031-533-3387
신 고 번 호 2010.11.24. 제2010-000004호

윤 문 교 정 증연 강영미
편집전자책제작 도향 하가연
표 지 그 림 현정(玄楨)
인   쇄 가람문화사

도서출판문젠 www.moonzenpress.com
정 맥 선 원 www.zenparadise.com
사막화방지국제연대(IUPD) www.iupd.org

ⓒ 문재현, 2017. Printed in Seoul, Republic of Korea
값 15,000원
ISBN 978-89-6870-032-3 04220
ISBN 978-89-6870-000-2 (전81권)

華嚴十無頌 화엄십무송

- 농선 대원 선사

無相法性常顯前
상이 없는 법성은 언제나 드러나 있고

無性諸法如谷響
성품이 없는 모든 법은 골짜기에 메아리 같도다

無外作處是自在
밖이 없이 짓는 곳을 이 자재라 하는 것이니

無非華嚴大道場
화엄 대도량 아님이 없음이로다

無窮無盡光神通
궁구할 수 없고 다함 없는 광명의 신통에서

無不出生三千界
삼천대천세계가 나오지 않음이 없도다

無碍相卽大自在
걸림이 없이 서로 즉한 대자재여

無爲之法是日常
함이 없는 법이 일상이로다

無有定法隨狀況
정한 법 없어 상황을 따름이여

無上無爲妙菩提
위 없고 함이 없는 묘보리로다

바로보인 불법 ㊳

화엄경(華嚴經) 32권

농선 대원 선사 역저

二十五 、십회향품 (十廻向品) ⑩

서 문

가없이 크고 넓어 광대함이여!
모양 없는 그 가운데 본래 갖춤
증득한 지혜인이라야 아네

남섬부주 일체의 나툼이여
본래의 갖춤에 비하자면
천만억분의 일도 안 된다네

이러-히 온통 온통함이여!
모두 갖춘 본연한 이 장엄을
'대방광불화엄'이라 하네

단기(檀紀) 4345년
불기(佛紀) 3039년

무등산인 농선 대원
(無等山人 弄禪 大圓)

∽ 81권 화엄경 권과 품

차 례

일러두기

1. 화엄경 본문을 지나치게 세밀하게 나누어 긴 주해를 싣지 않은 것
은 그로 해서 원문의 흐름이 끊어지게 되지 않을까 하는 우려에서이
다. 이런 까닭에 다만 수없이 장고(長考)하며 최대한 원문에 충실하
게 번역하고 각권의 마지막이나 각품의 마지막에만 결문(結文)을 더
하였다. 화엄경 본문이 이치적으로 더할 나위 없이 샅샅이 불화엄의
화장세계를 밝힌 것이라면 결문은 화엄경의 화장세계를 선(禪) 도
리로 간략히 바로 끊어 보인 것이다. 이로써 경의 본뜻이 굴절 없이
전달되어 화엄의 세계가 독자의 세계가 되기를 바란다.

2. 요즈음 화엄경을 접한 이들이 최고의 경전이라 불리는 화엄경 첫머
리부터 '신(神)'이라는 호칭으로 기록된 분들이 많은 것을 보고 의
아하게 생각하는 경우가 있다. 화엄경의 첫머리인 세주묘엄품을 보
면 이 '신(神)'이라는 호칭으로 기록된 분들이 불보살님의 화현이거
나 보살마하살의 경지에서 행하는 분들임을 알 수 있다. 이런 까닭
에 이 책에서는 '신(神)'을 '천제(天帝)'로 번역하였다. 예를 들면, '집
금강신'은 '집금강천제'로 의역하였다. 천제는 그 세계를 다스리고
교화하는 분, 곧 깨달아, 삼매와 지혜와 덕과 신통과 방편과 변재를
갖추어서 다스리고 교화하는 분을 말한다.

3. 미주는 *로 표시하였다.

二十五 십회향품 ⑩

佛子 云何爲菩薩摩訶薩 等法界無量廻向 佛子 此菩薩摩

訶薩 以離垢繪 而繫其頂 住法師位 廣行法施 起大慈悲

安立衆生於菩提心 常行饒益 無有休息 以菩提心 長養善

根 爲諸衆生 作調御師 示諸衆生一切智道 爲諸衆生 作

法藏日 善根光明 普照一切 於諸衆生 其心平等 修諸善

行 無有休息 心淨無染 智慧自在 不捨一切善根道業 作

諸衆生 大智商主 普令得入安隱正道 爲諸衆生 而作導首

令修一切善根法行

10) 제10 법계와 동등한 한량없는 회향 ①
　　(等法界無量廻向)

"불자들이여, 어떤 것을 보살마하살의 법계와 동등한 한량없는 회향이라 합니까?

불자들이여, 이 보살마하살이 때를 여읜 비단을 그 이마에 매고 법사의 지위에 머물러 널리 법보시를 행하여서, 대자비를 일으켜 중생들을 보리심에 안립하게 하고 항상 넉넉히 이익을 행하되 쉼이 없이 보리심으로 선근을 기릅니다.

모든 중생을 위해 부처〔調御師〕가 되어서 모든 중생에게 일체 지혜의 도를 보이고, 모든 중생을 위해 법의 보배장의 태양이 되어서 선근의 광명으로 일체를 널리 비추며, 모든 중생에게 그 마음이 평등하여서 모든 착한 행을 닦되 쉼이 없고, 마음이 깨끗하고 물듦이 없어서 자재한 지혜로 일체 선근의 도업을 버리지 않으며, 모든 중생에게 큰 지혜의 상주(商主)*가 되어서 널리 편안한 바른 도에 들어가 얻게 하고, 모든 중생을 위해 우두머리 지도자가 되어서 일체 선근의 법과 행을 닦게 하며,

爲諸衆生 作不可壞堅固善友 令其善根 增長成就 佛子 此
菩薩摩訶薩 以法施爲首 發生一切淸淨白法 攝受趣向一
切智心 殊勝願力 究竟堅固 成就增益 具大威德 依善知
識 心無諂誑 思惟觀察一切智門無邊境界 以此善根 如是
廻向 願得修習 成就增長廣大無礙一切境界 願得於佛正
敎之中 乃至聽聞一句一偈 受持演說 願得憶念與法界等
無量無邊一切世界 去來現在一切諸佛 旣憶念已 修菩薩
行

모든 중생을 위해 무너뜨릴 수 없는 견고한 착한 벗이
되어서 그 선근을 더욱 더해서 성취하게 합니다.

불자들이여, 이 보살마하살이 법보시를 첫째로 여겨서
일체 청정한 밝은 법을 내어 일체 지혜에 나아가는 마음
을 거두어 받아들이고, 수승한 원력이 구경까지 견고하
여 성취하고 이익을 더한 큰 위덕을 갖추며, 선지식을
의지하여 아첨하거나 속임이 없는 마음으로 일체 지혜
의 문과 끝없는 경계를 관찰하고 사유합니다.

이 선근으로써 이와 같이 회향하기를 '광대하고 걸림
없는 일체 경계를 닦아 익힘과 성취함과 더욱 더함을 얻
기를 서원하고, 부처님의 바른 가르침 가운데 한 글귀와
한 게송만이라도 듣고 받아 지녀 널리 펴 설하기를 서원
하며, 법계와 더불어 평등한 무량 무변 수의 일체 세계
의 과거와 미래와 현재의 일체 모든 부처님을 기억하고,
기억하고 나서는 보살행을 닦기를 서원한다.

又願以此念佛善根 爲一衆生 於一世界 盡未來劫 修菩薩
行 如於一世界 盡法界虛空界一切世界 皆亦如是 如爲一
衆生 爲一切衆生 亦復如是 以善方便 一一皆爲 盡未來
劫 大誓莊嚴 終無離佛善知識想 常見諸佛 現在其前 無
有一佛 出興於世 不得親近 一切諸佛 及諸菩薩 所讚所
說淸淨梵行 誓願修行 悉令圓滿 所謂不破梵行 不缺梵行
不雜梵行 無玷梵行 無失梵行 無能蔽梵行 佛所讚梵行

또 부처님을 생각하는 선근으로 한 중생을 위하여 한 세계에서 미래겁이 다하도록 보살의 행을 닦고, 한 세계에서와 같이 온 법계와 허공계와 일체 세계에서도 다 또한 이와 같이 하며, 한 중생을 위함과 같이 일체 중생을 위함도 또한 이와 같이 하기를 서원한다.

좋은 방편으로 낱낱이 모두 미래 겁이 다하도록 큰 서원으로 장엄하여 끝까지 부처님과 선지식을 떠날 생각이 없고, 항상 모든 부처님께서 목전에 나타나 계심을 보아 한 부처님이라도 세상에 출현하시면 친근하지 않음이 없다.'라고 합니다.

일체 모든 부처님과 모든 보살이 찬탄하고 설하신 청정한 범행(梵行)을 닦고 행하여서 다 원만하게 하기를 서원하니, 무너지지 않는 범행과 모자람이 없는 범행과 잡되지 않은 범행과 흠이 없는 범행과 잘못됨이 없는 범행과 가릴 수 없는 범행과 부처님께서 칭찬하시는 범행과

無所依梵行 無所得梵行 增益菩薩淸淨梵行 三世諸佛所
行梵行 無礙梵行 無着梵行 無諍梵行 無滅梵行 安住梵
行 無比梵行 無動梵行 無亂梵行 無恚梵行 佛子 菩薩摩
訶薩 若能爲己 修行如是淸淨梵行 則能普爲一切衆生 令
一切衆生 皆得安住 令一切衆生 皆得開曉 令一切衆生
皆得成就 令一切衆生 皆得淸淨 令一切衆生 皆得無垢
令一切衆生 皆得照明 令一切衆生 離諸塵染 令一切衆生
無諸障翳

의지한 바 없는 범행과 얻은 바 없는 범행과 보살의 청
정함을 더하는 범행과 삼세 모든 부처님께서 행하시던
범행과 걸림이 없는 범행과 집착이 없는 범행과 다툼
이 없는 범행과 멸함이 없는 범행과 편안히 머무는 범
행과 비할 데 없는 범행과 움직임이 없는 범행과 산란
함이 없는 범행과 성냄이 없는 범행입니다.

불자들이여, 보살마하살이 만약 자신을 위하여 이
와 같이 청정한 범행을 닦고 행하면 곧 일체 중생을 널
리 위하게 되니, 일체 중생으로 하여금 모두 편안히 머
무름을 얻게 하고, 일체 중생으로 하여금 모두 열어 깨
달음을 얻게 하며, 일체 중생으로 하여금 모두 성취함
을 얻게 하고, 일체 중생으로 하여금 모두 청정함을 얻
게 하며, 일체 중생으로 하여금 모두 때가 없음을 얻
게 하고, 일체 중생으로 하여금 모두 밝게 비춤을 얻
게 하며, 일체 중생으로 하여금 모든 티끌을 여의게 하
고, 일체 중생으로 하여금 모든 덮어 가림이 없게 하며,

令一切衆生 離諸熱惱 令一切衆生 離諸纏縛 令一切衆生 永離諸惡 令一切衆生 無諸惱害 畢竟淸淨 何以故 菩薩摩訶薩 自於梵行 不能淸淨 不能令他 而得淸淨 自於梵行 而有退轉 不能令他 無有退轉 自於梵行 而有失壞 不能令他 無有失壞 自於梵行 而有遠離 不能令他 常不遠離 自於梵行 而有懈怠 不能令他 不生懈怠 自於梵行 不生信解 不能令他 心生信解 自於梵行 而不安住

일체 중생으로 하여금 모든 극심한 괴로움을 여의게 하고, 일체 중생으로 하여금 모든 얽히고 얽힘을 여의게 하며, 일체 중생으로 하여금 모든 악함을 영원히 여의게 하고, 일체 중생으로 하여금 모든 괴로움과 해침이 없어서 마침내 청정하게 합니다.

무슨 까닭이겠습니까? 보살마하살이 스스로가 범행에 청정하지 못하면 다른 이로 하여금 청정함을 얻게 하지 못하고, 스스로가 범행에 퇴전함이 있으면 다른 이로 하여금 퇴전함이 없게 하지 못하며, 스스로가 범행에 그르침이 있으면 다른 이로 하여금 그르침이 없게 하지 못하고, 스스로가 범행을 멀리 여읨이 있으면 다른 이로 하여금 항상 멀리 여의지 않게 하지 못하며, 스스로가 범행에 해태(懈怠)함이 있으면 다른 이로 하여금 해태함을 내지 않게 하지 못하고, 스스로가 범행에 믿는 지혜를 내지 못하면 다른 이로 하여금 마음에 믿는 지혜를 내게 하지 못하며, 스스로가 범행에 편안히 머물지 않으면

不能令他 而得安住 自於梵行 而不證入 不能令他 心得證
入 自於梵行 而有放捨 不能令他 恒不放捨 自於梵行 而
有散動 不能令他 心不散動 何以故 菩薩摩訶薩 住無倒
行 說無倒法 所言誠實 如說修行 淨身口意 離諸雜染 住
無礙行 滅一切障 菩薩摩訶薩 自得淨心 爲他演說淸淨心
法 自修和忍 以諸善根 調伏其心

다른 이로 하여금 편안히 머물게 하지 못하고, 스스로가 범행을 증득하여 들어가지 않으면 다른 이로 하여금 마음을 증득하여 들어가게 하지 못하며, 스스로가 범행을 놓아버리면 다른 이로 하여금 항상 놓아버리지 않게 하지 못하고, 스스로가 범행에 흩어져 움직임이 있으면 다른 이로 하여금 마음이 흩어져 움직이지 않게 하지 못합니다.

무슨 까닭이겠습니까? 보살마하살이 전도됨이 없는 행에 머물러서 전도됨이 없는 법을 설하니 말하는 바가 참되어 설한 대로 닦고 행하며, 몸과 입과 뜻을 깨끗이 하여서 모든 번뇌를 여의고 걸림이 없는 행에 머물러 일체의 장애를 멸합니다.

보살마하살이 스스로가 청정한 마음을 얻어서 다른 이를 위하여 청정한 마음의 법을 널리 펴 설하고, 스스로가 참고 화합함을 닦아 모든 선근으로 그 마음을 조복하여서

令他和忍 以諸善根 調伏其心 自離疑悔 亦令他人 永離疑
悔 自得淨信 亦令他 得不壞淨信 自住正法 亦令衆生 安
住正法 佛子 菩薩摩訶薩 復以法施所生善根 如是廻向
所謂願我獲得一切諸佛無盡法門 普爲衆生 分別解說 皆
令歡喜 心得滿足 摧滅一切外道異論 願我能爲一切衆生
演說三世諸佛法海 於一一法生起 一一法義理 一一法名
言 一一法安立 一一法解說 一一法顯示 一一法門戶

다른 이로 하여금 참고 화합하게 하여 모든 선근으로 그 마음을 조복하게 하며, 스스로가 의심하고 뉘우침을 여의어서 또한 다른 이로 하여금 의심하고 뉘우침을 영원히 여의게 하고, 스스로가 깨끗한 믿음을 얻어서 또한 다른 이로 하여금 무너지지 않는 깨끗한 믿음을 얻게 하며, 스스로가 정법에 머물러서 또한 중생들로 하여금 정법에 편안히 머물게 합니다.

불자들이여, 보살마하살이 다시 법보시로 생긴 선근으로써 이와 같이 회향하기를 '내가 일체 모든 부처님의 다함 없는 법문을 얻고 널리 중생을 위하여 분별해 풀어 설하여서, 모두 환희하여 마음에 만족함을 얻게 하고, 일체 외도의 다른 논리를 꺾어 멸하기를 서원한다.

내가 일체 중생을 위하여 삼세 모든 부처님의 법해를 널리 펴 설하니, 낱낱 법의 일어남과 낱낱 법의 이치와 낱낱 법의 이름과 낱낱 법의 안립함과 낱낱 법의 해설과 낱낱 법의 나타내 보임과 낱낱 법의 문호와

一一法悟入 一一法觀察 一一法分位 悉得無邊無盡法藏
獲無所畏 具四辯才 廣爲衆生 分別解說 窮未來際 而無
有盡 爲欲令一切衆生 立勝志願 出生無礙無謬失辯 爲欲
令一切衆生 皆生歡喜 爲欲令一切衆生 成就一切淨法光
明 隨其類音 演說無斷 爲欲令一切衆生 深信歡喜 住一
切智 辨了諸法 俾無迷惑

낱낱 법의 깨달음에 들어감과 낱낱 법의 관찰함과 낱낱 법의 나뉜 지위에서 모두 끝없고 다함 없는 법의 보배 장을 얻어 두려움 없음을 얻고, 네 가지 변재*를 갖추어 널리 중생을 위해 분별하여 풀어 설하나 미래제가 다하도록 다함이 없기를 서원한다.'라고 합니다.

 일체 중생으로 하여금 뛰어난 뜻과 서원을 세워서 걸림이 없고 그르침이 없는 변재를 내게 하려는 것이고, 일체 중생으로 하여금 모두 환희를 내게 하려는 것이며, 일체 중생으로 하여금 일체 청정한 법의 광명을 성취하여서 그 중생의 음성을 따라 끊임없이 널리 펴 설하게 하려는 것이고, 일체 중생으로 하여금 깊이 믿고 환희하여 일체 지혜에 머물러서 모든 법을 분명히 분별하여 미혹함이 없게 하려는 것입니다.

作是念言 我當普於一切世界 爲諸衆生 精勤修習 得遍法
界無量自在身 得遍法界無量廣大心 具等法界無量淸淨音
聲 現等法界無量衆會道場 修等法界無量菩薩業 得等法
界無量菩薩住 證等法界無量菩薩平等 學等法界無量菩薩
法 住等法界無量菩薩行 入等法界無量菩薩廻向 是爲菩
薩摩訶薩 以諸善根 而爲廻向 爲令衆生 悉得成就一切智
故

이런 생각을 하기를 '내가 널리 일체 세계의 모든 중생을 위하여 부지런히 닦고 익혀서 법계에 두루한 한량없이 자재한 몸을 얻고, 법계에 두루한 한량없이 광대한 마음을 얻으며, 법계와 동등한 한량없이 청정한 음성을 갖추고, 법계와 동등한 한량없는 대중이 모인 도량을 나타내며, 법계와 동등한 한량없는 보살의 업을 닦고, 법계와 동등한 한량없는 보살의 머무름을 얻으며, 법계와 동등한 한량없는 보살의 평등함을 증득하고, 법계와 동등한 한량없는 보살의 법을 배우며, 법계와 동등한 한량없는 보살의 행에 머무르고, 법계와 동등한 한량없는 보살의 회향에 들어가리라.'라고 합니다.

이것을 보살마하살이 모든 선근으로써 회향하는 것이라 하니, 중생들로 하여금 일체 지혜를 모두 성취하게 하려는 까닭입니다.

佛子 菩薩摩訶薩 復以善根 如是廻向 所謂爲欲見等法界
無量諸佛 調伏等法界無量衆生 住持等法界無量佛刹 證
等法界無量菩薩智 獲等法界無量無所畏 成等法界無量諸
菩薩陀羅尼 得等法界無量諸菩薩不思議住 具等法界無量
功德 滿等法界無量利益衆生善根 又願以此善根故 令我
得福德平等 智慧平等 力平等 無畏平等 清淨平等 自在平
等 正覺平等 說法平等 義平等 決定平等 一切神通平等
如是等法 皆悉圓滿

불자들이여, 보살마하살이 다시 선근으로써 이와 같이 회향하기를 '법계와 동등한 한량없는 모든 부처님을 친견하고자 하고, 법계와 동등한 한량없는 중생을 조복시키며, 법계와 동등한 한량없는 부처님세계를 주관하고, 법계와 동등한 한량없는 보살의 지혜를 증득하며, 법계와 동등한 한량없는 두려움 없음을 얻고, 법계와 동등한 한량없는 모든 보살의 다라니를 이루며, 법계와 동등한 한량없는 모든 보살의 부사의한 머무름을 얻고, 법계와 동등한 한량없는 공덕을 갖추며, 법계와 동등한 한량없는 중생을 이익 되게 하는 선근으로 가득히 한다.

또 이 선근으로써 내가 복덕의 평등함과 지혜의 평등함과 힘의 평등함과 두려움 없음의 평등함과 청정함의 평등함과 자재함의 평등함과 정각의 평등함과 설법의 평등함과 이치의 평등함과 결정함의 평등함과 일체 신통의 평등함을 얻어서 이와 같은 등의 법이 모두 다 원만하기를 서원한다.

如我所得 願一切衆生 亦如是得 如我無異 佛子 菩薩摩
訶薩 復以善根 如是廻向 所謂如法界無量 善根廻向 亦
復如是 所得智慧 終無有量 如法界無邊 善根廻向 亦復
如是 見一切佛 無有其邊 如法界無限 善根廻向 亦復如
是 詣諸佛刹 無有齊限 如法界無際 善根廻向 亦復如是
於一切世界 修菩薩行 無有涯際 如法界無斷 善根廻向
亦復如是 住一切智 永不斷絶 如法界一性 善根廻向 亦
復如是 與一切衆生 同一智性 如法界自性清淨 善根廻向

내가 얻은 바와 같이 일체 중생도 또한 이와 같이 얻어
서 나와 같이 다름이 없기를 서원한다.'라고 합니다.

　불자들이여, 보살마하살이 다시 선근으로써 이와 같이
회향하기를 '법계가 한량이 없듯이 선근으로 회향함도 또
한 이와 같아서 얻은 지혜가 끝내 한량이 없고, 법계가 끝
이 없듯이 선근으로 회향함도 또한 이와 같아서 일체 부처
님을 친견함도 그 끝이 없으며, 법계가 한계가 없듯이 선
근으로 회향함도 또한 이와 같아서 모든 부처님세계에 나
아감도 한계가 없고, 법계가 끝이 없듯이 선근으로 회향
함도 또한 이와 같아서 일체 세계에서 보살의 행을 닦음
도 끝이 없으며, 법계가 끊어짐이 없듯이 선근으로 회향
함도 또한 이와 같아서 일체 지혜에 머물러 영원히 끊어
짐이 없고, 법계의 온통인 성품이듯이 선근으로 회향함
도 또한 이와 같아서 일체 중생과 더불어 지혜의 성품이
동일하며, 법계의 자성이 청정하듯이 선근으로 회향함도

亦復如是 令一切衆生 究竟清淨 如法界隨順 善根廻向 亦
復如是 令一切衆生 悉皆隨順普賢行願 如法界莊嚴 善根
廻向 亦復如是 令一切衆生 以普賢行 而爲莊嚴 如法界
不可失壞 善根廻向 亦復如是 令諸菩薩 永不失壞諸清淨
行 佛子 菩薩摩訶薩 復以此善根 如是廻向 所謂願以此
善根 承事一切諸佛菩薩 皆令歡喜 願以此善根 速得趣入
一切智性 願以此善根 遍一切處 修一切智 願以此善根
令一切衆生 常得往覲一切諸佛

또한 이와 같아서 일체 중생으로 하여금 구경까지 청정하게 하고, 법계에 수순하듯이 선근으로 회향함도 또한 이와 같아서 일체 중생으로 하여금 다 보현의 서원행을 수순하게 하며, 법계를 장엄하듯이 선근으로 회향함도 또한 이와 같아서 일체 중생으로 하여금 보현행으로 장엄하게 하고, 법계에 그르침이 없듯이 선근으로 회향함도 또한 이와 같아서 모든 보살로 하여금 영원히 모든 청정한 행을 그르침이 없게 한다.'라고 합니다.

　불자들이여, 보살마하살이 다시 이 선근으로써 이와 같이 회향하기를 '이 선근으로써 일체 모든 불보살님을 받들어 섬겨서 다 환희하게 하기를 서원하고, 이 선근으로써 일체 지혜의 성품에 빨리 들어가기를 서원하며, 이 선근으로써 일체의 곳에 두루 하여 일체의 지혜를 닦기를 서원하고, 이 선근으로써 일체 중생으로 하여금 항상 일체 모든 부처님께 가서 친견하게 되기를 서원하며,

願以此善根 令一切衆生 常見諸佛 能作佛事 願以此善根
令一切衆生 恒得見佛 不於佛事 生怠慢心 願以此善根
令一切衆生 常得見佛 心喜淸淨 無有退轉 願以此善根
令一切衆生 常得見佛 心善解了 願以此善根 令一切衆生
常得見佛 不生執着 願以此善根 令一切衆生 常得見佛 了
達無礙 願以此善根 令一切衆生 常得見佛 成普賢行 願
以此善根 令一切衆生 常見諸佛 現在其前 無時暫捨

이 선근으로써 일체 중생으로 하여금 항상 모든 부처님을 친견하여서 불사를 행하기를 서원하고, 이 선근으로써 일체 중생으로 하여금 항상 부처님을 친견하여서 불사에 게으른 마음을 내지 않게 되기를 서원하며, 이 선근으로써 일체 중생으로 하여금 항상 부처님을 친견하여서 마음이 기쁘고 청정하여 퇴전하지 않게 되기를 서원하고, 이 선근으로써 일체 중생으로 하여금 항상 부처님을 친견하여서 마음이 분명히 잘 알게 되기를 서원하며, 이 선근으로써 일체 중생으로 하여금 항상 부처님을 친견하여서 집착을 내지 않게 되기를 서원하고, 이 선근으로써 일체 중생으로 하여금 항상 부처님을 친견하여서 걸림 없음을 밝게 통달하게 되기를 서원하며, 이 선근으로써 일체 중생으로 하여금 항상 부처님을 친견하여서 보현의 행을 이루게 되기를 서원하고, 이 선근으로써 일체 중생으로 하여금 항상 모든 부처님을 친견하여서 그 앞에 나타나 있어 잠시라도 버리는 때가 없게 되기를 서원하며,

願以此善根 令一切衆生 常見諸佛 出生菩薩無量諸力 願
以此善根 令一切衆生 常見諸佛 於一切法 永不忘失 佛
子 菩薩摩訶薩 又以諸善根 如是廻向 所謂如法界無起性
廻向 如法界根本性廻向 如法界自體性廻向 如法界無依性
廻向 如法界無忘失性廻向 如法界空無性廻向 如法界寂
靜性廻向 如法界無處所性廻向 如法界無遷動性廻向 如
法界無差別性廻向

이 선근으로써 일체 중생으로 하여금 항상 모든 부처님을 친견하여서 보살의 한량없는 모든 힘을 내게 되기를 서원하고, 이 선근으로써 일체 중생으로 하여금 항상 모든 부처님을 친견하여서 일체 법을 영원히 잊지 않게 되기를 서원한다.'라고 합니다.

불자들이여, 보살마하살이 또 모든 선근으로써 이와 같이 회향하기를 '법계의 일어난 적이 없는 성품[無起性]과 같이 회향하고, 법계의 근본 성품과 같이 회향하며, 법계의 자체 성품과 같이 회향하고, 법계의 의지함이 없는 성품과 같이 회향하며, 법계의 잊어버림이 없는 성품과 같이 회향하고, 법계라는 것마저 비어 없는 성품과 같이 회향하며, 법계의 열반의 성품과 같이 회향하고, 법계의 처소가 없는 성품과 같이 회향하며, 법계의 움직여서 옮김이 없는 성품과 같이 회향하고, 법계의 차별이 없는 성품과 같이 회향한다.'라고 합니다.

佛子 菩薩摩訶薩 復以法施 所有宣示 所有開悟 及因此
起 一切善根 如是廻向 所謂願一切衆生 成菩薩法師 常
爲諸佛之所護念 願一切衆生 作無上法師 方便安立一切
衆生於一切智 願一切衆生 作無屈法師 一切問難 莫能窮
盡 願一切衆生 作無礙法師 得一切法無礙光明 願一切衆
生 作智藏法師 能善巧說一切佛法 願一切衆生 成諸如來
自在法師 善能分別如來智慧 願一切衆生 作如眼法師 說
如實法不由他敎 願一切衆生 作憶持一切佛法法師

불자들이여, 보살마하살이 다시 법보시로 베풀어 보이고 깨닫게 하는 것으로 인하여 일어나는 일체 선근으로써 이와 같이 회향하기를 '일체 중생이 보살법사가 되어서 항상 모든 부처님께서 호념하시는 바가 되기를 서원하고, 일체 중생이 위 없는 법사가 되어서 일체 중생을 일체 지혜에 방편으로 안립하기를 서원하며, 일체 중생이 굴함이 없는 법사가 되어서 일체 어려운 물음에도 더할 나위 없이 능히 대적해 낼 수 있기를 서원하고, 일체 중생이 걸림이 없는 법사가 되어서 일체 법에 걸림이 없는 광명을 얻기를 서원하며, 일체 중생이 지혜 보배장인 법사가 되어서 선교 방편으로 일체 불법을 설하기를 서원하고, 일체 중생이 모든 여래의 자재한 법사가 되어서 여래의 지혜를 잘 분별하기를 서원하며, 일체 중생이 여여한 눈[如眼]의 법사가 되어서 여실한 법을 설하되 그 밖의 가르침을 말미암지 않기를 서원하고, 일체 중생이 일체 불법을 기억하여 지니는 법사가 되어서

如理演說 不違句義 願一切衆生 作修行無相道法師 以諸
妙相 而自莊嚴 放無量光 善入諸法 願一切衆生 作大身法
師 其身 普遍一切國土 興大法雲 雨諸佛法 願一切衆生
作護法藏法師 建無勝幢 護諸佛法 令正法海 無所缺減
願一切衆生 作一切法日法師 得佛辯才 巧說諸法 願一切
衆生 作妙音方便法師 善說無邊法界之藏 願一切衆生 作
到法彼岸法師 以智神通 開正法藏

이치대로 널리 펴 설하되 글귀와 뜻을 어기지 않기를 서원하며, 일체 중생이 상이 없는 도를 닦아 행하는 법사가 되어서 모든 묘한 상으로 스스로를 장엄하여 한량없는 광명을 놓아 모든 법에 잘 들어가기를 서원하고, 일체 중생이 큰 몸의 법사가 되어서 그 몸이 일체 국토에 널리 두루 하여 큰 법구름을 일으켜 모든 불법이 비 내리듯 하기를 서원하며, 일체 중생이 법의 보배장을 보호하는 법사가 되어서 이길 이가 없는 당기를 세워 모든 불법을 보호하여 정법의 바다가 모자라거나 줄어듦이 없게 하기를 서원하고, 일체 중생이 일체 법의 태양인 법사가 되어서 부처님의 변재를 얻어 모든 법을 공교하게 설하기를 서원하며, 일체 중생이 묘한 음성이 방편인 법사가 되어서 가없는 법계의 보배장을 잘 설하기를 서원하고, 일체 중생이 법의 피안에 이르른 법사가 되어서 지혜와 신통으로써 정법의 보배장을 열기를 서원하며,

願一切衆生 作安住正法法師 演說如來究竟智慧 願一切
衆生 作了達諸法法師 能說無量 無盡功德 願一切衆生 作
不誑世間法師 能以方便 令入實際 願一切衆生 作破諸魔
衆法師 善能覺知一切魔業 願一切衆生 作諸佛所攝受法
師 離我我所攝受之心 願一切衆生 作安隱一切世間法師
成就菩薩說法願力

일체 중생이 정법에 편안히 머무는 법사가 되어서 여래의 구경의 지혜를 널리 펴 설하기를 서원하고, 일체 중생이 모든 법을 밝게 깨달은 법사가 되어서 한량없고 다함 없는 공덕을 설하기를 서원하며, 일체 중생이 세간을 속이지 않는 법사가 되어서 방편으로 실제에 들어가게 하기를 서원하고, 일체 중생이 모든 마의 무리를 물리치는 법사가 되어서 일체 마의 업을 잘 깨달아 알게 되기를 서원하며, 일체 중생이 모든 부처님께서 거두어 주시는 법사가 되어서 나와 나의 곳을 거두는 마음까지도 여의기를 서원하고, 일체 중생이 일체 세간을 편안하게 하는 법사가 되어서 보살의 법을 설하는 원력을 성취하기를 서원한다.'라고 합니다.

佛子 菩薩摩訶薩 復以諸善根 如是廻向 所謂不以取着業
故 廻向 不以取着報故 廻向 不以取着心故 廻向 不以取
着法故 廻向 不以取着事故 廻向 不以取着因故 廻向 不
以取着語言音聲故 廻向 不以取着名句文身故 廻向 不以
取着廻向故 廻向 不以取着利益衆生故 廻向

불자들이여, 보살마하살이 다시 모든 선근으로써 이와 같이 회향하기를 '업에 취하여 집착하는 까닭으로 회향하는 것이 아니고, 과보에 취하여 집착하는 까닭으로 회향하는 것이 아니며, 마음에 취하여 집착하는 까닭으로 회향하는 것이 아니고, 법에 취하여 집착하는 까닭으로 회향하는 것이 아니며, 일에 취하여 집착하는 까닭으로 회향하는 것이 아니고, 인(因)에 취하여 집착하는 까닭으로 회향하는 것이 아니며, 말과 음성에 취하여 집착하는 까닭으로 회향하는 것이 아니고, 명구문신(名句文身)*에 취하여 집착하는 까닭으로 회향하는 것이 아니며, 회향에 취하여 집착하는 까닭으로 회향하는 것이 아니고, 중생을 이익 되게 함에 취하여 집착하는 까닭으로 회향하는 것도 아니다.'라고 합니다.

佛子 菩薩摩訶薩 復以善根 如是廻向 所謂不爲耽着色境
界故 廻向 不爲耽着聲香味觸法境界故 廻向 不爲求生天
故 廻向 不爲求欲樂故 廻向 不爲着欲境界故 廻向 不爲
求眷屬故 廻向 不爲求自在故 廻向 不爲求生死樂故 廻向
不爲着生死故 廻向 不爲樂諸有故 廻向 不爲求和合樂故
廻向 不爲求可樂着處故 廻向

불자들이여, 보살마하살이 다시 선근으로써 이와 같이 회향하기를 '색의 경계를 탐착하는 까닭으로 회향하는 것이 아니고, 소리와 향기와 맛과 촉감과 법의 경계를 탐착하는 까닭으로 회향하는 것이 아니며, 천상에 태어나기를 구하는 까닭으로 회향하는 것이 아니고, 욕락을 구하는 까닭으로 회향하는 것이 아니며, 욕심의 경계에 집착하는 까닭으로 회향하는 것이 아니고, 권속을 구하는 까닭으로 회향하는 것이 아니며, 자재함을 구하는 까닭으로 회향하는 것이 아니고, 생사의 즐거움을 구하는 까닭으로 회향하는 것이 아니며, 생사에 집착하는 까닭으로 회향하는 것이 아니고, 모든 유루의 세계를 즐기려는 까닭으로 회향하는 것이 아니며, 화합의 즐거움을 구하는 까닭으로 회향하는 것이 아니고, 즐겨 집착할 곳을 구하는 까닭으로 회향하는 것이 아니며,

不爲懷毒害心故 廻向 不壞善根故 廻向 不依三界故 廻
向 不着諸禪解脫三昧故 廻向 不住聲聞辟支佛乘故 廻向
但爲敎化調伏一切衆生故 廻向 但爲成滿一切智智故 廻
向 但爲得無礙智故 廻向 但爲得無障礙淸淨善根故 廻向
但爲令一切衆生 超出生死 證大智慧故 廻向 但爲令大菩
提心 如金剛不可壞故 廻向 但爲成就究竟不死法故 廻向

해치는 마음을 품는 까닭으로 회향하는 것이 아니고, 선근을 무너뜨리는 까닭으로 회향하는 것이 아니며, 삼계를 의지하는 까닭으로 회향하는 것이 아니고, 모든 선정과 해탈과 삼매를 집착하는 까닭으로 회향하는 것이 아니며, 성문과 벽지불의 수레에 머무는 까닭으로 회향하는 것도 아니다.

　다만 일체 중생을 조복시켜 교화하기 위한 까닭으로 회향하고, 다만 일체지의 지혜를 원만히 이루기 위한 까닭으로 회향하며, 다만 걸림 없는 지혜를 얻기 위한 까닭으로 회향하고, 다만 장애가 없는 청정한 선근을 얻기 위한 까닭으로 회향하며, 다만 일체 중생으로 하여금 나고 죽음을 뛰어넘는 큰 지혜를 증득하게 하기 위한 까닭으로 회향하고, 다만 대보리의 마음으로 하여금 금강과 같이 무너지지 않게 하기 위한 까닭으로 회향하며, 다만 구경에 죽지 않는 법을 성취하기 위한 까닭으로 회향하고,

但爲以無量莊嚴 莊嚴佛種性 示現一切智自在故 廻向 但
爲求菩薩一切法明大神通智故 廻向 但爲於盡法界虛空
界一切佛刹 行普賢行 圓滿不退 被堅固大願鎧 令一切衆
生 住普賢地故 廻向 但爲盡未來劫 度脫衆生 常無休息
示現一切智地無礙光明 恒不斷故 廻向 佛子 菩薩摩訶薩
以彼善根廻向時 以如是心廻向 所謂以本性平等心廻向
以法性平等心廻向

다만 한량없는 장엄으로써 부처님의 종자 성품을 장엄하여 일체 지혜의 자재함을 나타내 보이기 위한 까닭으로 회향하며, 다만 보살의 일체 법에 밝은 큰 신통과 지혜를 구하기 위한 까닭으로 회향하고, 다만 온 법계와 허공계의 일체 부처님세계에서 보현행을 원만히 행하여 물러나지 않는 견고한 큰 원의 갑옷을 입고 일체 중생으로 하여금 보현의 지위에 머물게 하기 위한 까닭으로 회향하며, 다만 미래겁이 다하도록 중생을 제도하되 항상 쉬지 않고 일체 지혜의 바탕에서 걸림 없는 광명을 나타내 보여 항상 끊어지지 않게 하기 위한 까닭으로 회향한다.'라고 합니다.

불자들이여, 보살마하살이 저 선근으로써 회향할 때에 이와 같은 마음으로 회향하기를 '근본 성품의 평등한 마음으로 회향하고, 법성의 평등한 마음으로 회향하며,

以一切衆生無量平等心廻向 以無諍平等心廻向 以自性無
所起平等心廻向 以知諸法無亂心廻向 以入三世平等心
廻向 以出生三世諸佛種性心廻向 以得不退失神通心廻
向 以生成一切智行心廻向 又爲令一切衆生 永離一切地
獄故 廻向 爲令一切衆生 不入畜生趣故 廻向 爲令一切衆
生 不往閻羅王處故 廻向 爲令一切衆生 除滅一切障道法
故 廻向

일체 중생의 한량없이 평등한 마음으로 회향하고, 다툼이 없는 평등한 마음으로 회향하며, 자성의 일으킨 바 없는 평등한 마음으로 회향하고, 모든 법이 어지러움이 없음을 아는 마음으로 회향하며, 삼세가 평등함에 들어가는 마음으로 회향하고, 삼세 모든 부처님의 종자 성품을 내는 마음으로 회향하며, 물러남이 없는 신통을 얻는 마음으로 회향하고, 일체 지혜의 행을 이루는 마음으로 회향한다.

또 일체 중생으로 하여금 일체 지옥을 영원히 여의게 하기 위한 까닭으로 회향하고, 일체 중생으로 하여금 축생취(趣)에 들어가지 않게 하기 위한 까닭으로 회향하며, 일체 중생으로 하여금 염라왕의 처소에 가지 않게 하기 위한 까닭으로 회향하고, 일체 중생으로 하여금 도를 장애하는 일체 법을 멸하여 없애게 하기 위한 까닭으로 회향하며,

爲令一切衆生 滿足一切善根故 廻向 爲令一切衆生 能應
時轉法輪 令一切歡喜故 廻向 爲令一切衆生 入十力輪故
廻向 爲令一切衆生 滿足菩薩無邊淸淨法願故 廻向 爲令
一切衆生 隨順一切善知識敎 菩提心器 得滿足故 廻向 爲
令一切衆生 受持修行甚深佛法 得一切佛智光明故 廻向 爲
令一切衆生 修諸菩薩無障礙行 常現前故 廻向 爲令一切
衆生 常見諸佛 現其前故 廻向

일체 중생으로 하여금 일체 선근을 원만히 구족하게 하기
위한 까닭으로 회향하고, 일체 중생으로 하여금 때에 응
하여 법륜을 굴려서 일체로 하여금 환희하게 하기 위한 까
닭으로 회향하며, 일체 중생으로 하여금 십력의 바퀴에 들
어가게 하기 위한 까닭으로 회향하고, 일체 중생으로 하
여금 보살의 끝없이 청정한 법의 서원을 원만히 구족하
게 하기 위한 까닭으로 회향하며, 일체 중생으로 하여금
일체 선지식의 가르침을 수순해서 보리심의 그릇을 원만
히 구족하게 하기 위한 까닭으로 회향하고, 일체 중생으
로 하여금 심히 깊은 불법을 받아 지녀 닦고 행하여서 일
체 부처님의 지혜광명을 얻게 하기 위한 까닭으로 회향하
며, 일체 중생으로 하여금 모든 보살의 장애함이 없는 행
을 닦아서 항상 목전에 나타나게 하기 위한 까닭으로 회
향하고, 일체 중생으로 하여금 항상 모든 부처님께서 그
목전에 나타나심을 보게 하기 위한 까닭으로 회향하며,

爲令一切衆生 淸淨法光明 常現前故 廻向 爲令一切衆生
無畏大菩提心 常現前故 廻向 爲令一切衆生 菩薩不思議
智 常現前故 廻向 爲令一切衆生 普救護衆生 令淸淨大
悲心常現前故 廻向 爲令一切衆生 以不可說不可說勝妙莊
嚴具 莊嚴一切諸佛刹故 廻向 爲令一切衆生 摧滅一切衆
魔鬪諍羅網業故 廻向 爲令一切衆生 於一切佛刹 皆無所
依 修菩薩行故 廻向 爲令一切衆生 發一切種智心 入一切
佛法廣大門故 廻向

일체 중생으로 하여금 청정한 법의 광명이 항상 목전에 나타나게 하기 위한 까닭으로 회향하고, 일체 중생으로 하여금 두려움 없는 대보리의 마음이 항상 목전에 나타나게 하기 위한 까닭으로 회향하며, 일체 중생으로 하여금 보살의 부사의한 지혜가 항상 목전에 나타나게 하기 위한 까닭으로 회향하고, 일체 중생으로 하여금 널리 중생을 구제하고 보호하여 청정하게 하려는 대비심이 항상 목전에 나타나게 하기 위한 까닭으로 회향하며, 일체 중생으로 하여금 불가설불가설 수의 수승하고 묘한 장엄구로써 일체 모든 부처님세계를 장엄하게 하기 위한 까닭으로 회향하고, 일체 중생으로 하여금 일체 온갖 마군의 투쟁하는 그물의 업을 꺾어 멸하게 하기 위한 까닭으로 회향하며, 일체 중생으로 하여금 일체 부처님세계에서 모두 의지한 바 없이 보살행을 닦게 하기 위한 까닭으로 회향하고, 일체 중생으로 하여금 일체종지의 마음을 발하여 일체 불법의 광대한 문에 들어가게 하기 위한 까닭으로 회향한다.'라고 합니다.

佛子 菩薩摩訶薩 又以此善根 正念淸淨廻向 智慧決定廻向 盡知一切佛法方便廻向 爲成就無量無礙智故 廻向 爲欲滿足淸淨殊勝心故 廻向 爲一切衆生 住大慈故 廻向 爲一切衆生 住大悲故 廻向 爲一切衆生 住大喜故 廻向 爲一切衆生 住大捨故 廻向 爲永離二着 住勝善根故 廻向 爲思惟觀察分別演說一切緣起法故 廻向

불자들이여, 보살마하살이 또한 이 선근으로써 바른 생각으로 청정하게 회향하고 지혜로 분명하게 회향하며 일체 불법의 방편을 모두 아는 것으로 회향하니, 한량없고 걸림 없는 지혜를 성취하기 위한 까닭으로 회향하고, 청정하고 수승한 마음을 원만히 구족하기 위한 까닭으로 회향하며, 일체 중생을 대자(大慈)에 머물게 하기 위한 까닭으로 회향하고, 일체 중생을 대비(大悲)에 머물게 하기 위한 까닭으로 회향하며, 일체 중생을 대희(大喜)에 머물게 하기 위한 까닭으로 회향하고, 일체 중생을 대사(大捨)에 머물게 하기 위한 까닭으로 회향하며, 두 가지 집착함을 영원히 여의어 뛰어난 선근에 머물게 하기 위한 까닭으로 회향하고, 일체 연기법(緣起法)*을 사유하고 관찰하여 분별해서 널리 펴 설하기 위한 까닭으로 회향하며,

爲立大勇猛幢心故 廻向 爲立無能勝幢藏故 廻向 爲破諸
魔衆故 廻向 爲得一切法淸淨無礙心故 廻向 爲修一切菩
薩行 不退轉故 廻向 爲得樂求第一勝法心故 廻向 爲得
樂求諸功德法 自在淸淨 一切智智心故 廻向 爲滿一切願
除一切諍 得佛自在無礙淸淨法 爲一切衆生 轉不退法輪
故 廻向 爲得如來最上殊勝法智慧日 百千光明之所莊嚴
普照一切法界衆生故 廻向 爲欲調伏一切衆生 隨其所樂
常令滿足 不捨本願

크게 용맹한 당기의 마음을 세우기 위한 까닭으로 회향
하고, 이길 이가 없는 당기의 보배장을 세우기 위한 까닭
으로 회향하며, 모든 마군의 무리를 물리치기 위한 까닭
으로 회향하고, 일체 법에 청정하고 걸림 없는 마음을 얻
기 위한 까닭으로 회향하며, 일체 보살행을 닦아 퇴전하
지 않기 위한 까닭으로 회향하고, 제일 뛰어난 법을 즐거
이 구하는 마음을 얻기 위한 까닭으로 회향하며, 모든 공
덕의 법에 자재하고 청정한 일체지의 지혜를 즐거이 구하
는 마음을 얻기 위한 까닭으로 회향하고, 일체의 서원을
원만하게 하고 일체 다툼을 없애어 부처님의 자재하고 걸
림 없는 청정한 법을 얻어서 일체 중생을 위하여 물러나지
않는 법륜을 굴리기 위한 까닭으로 회향하며, 여래의 가
장 뛰어난 수승한 법과 지혜의 태양을 얻어서 백천 광명
의 장엄으로 일체 법계의 중생을 널리 비추기 위한 까닭
으로 회향하고, 일체 중생을 조복시키고자 그 즐기는 바
를 따라 항상 만족하게 하되 본래의 서원을 버리지 않아서

盡未來際 聽聞正法 修習大行 得淨智慧離垢光明 斷除一
切憍慢 消滅一切煩惱 裂愛欲網 破愚癡闇 具足無垢無障
礙法故 廻向 爲一切衆生 於阿僧祇劫 常勤修習一切智行
無有退轉 一一令得無礙妙慧 示現諸佛自在神通 無有休
息故 廻向 佛子 菩薩摩訶薩 以諸善根 如是廻向時 不應
貪着三有五欲境界 何以故 菩薩摩訶薩 應以無貪善根廻
向 應以無瞋善根廻向 應以無癡善根廻向 應以不害善根
廻向 應以離慢善根廻向

미래제가 다하도록 정법을 듣고 큰 행을 닦아 익히며 청정한 지혜로 때를 여읜 광명을 얻어서 일체 교만을 끊고 없애어 일체 번뇌를 소멸하고 애욕의 그물을 찢어 어리석음의 어둠을 깨뜨려서 때가 없고 장애가 없는 법을 구족하기 위한 까닭으로 회향하며, 일체 중생이 아승기 수의 겁 동안에 일체 지혜의 행을 항상 부지런히 닦아 익혀 퇴전함이 없고 낱낱이 걸림 없는 묘한 지혜를 얻어서 모든 부처님의 자재한 신통을 나타내 보임에 쉼이 없게 하기 위한 까닭으로 회향합니다.

불자들이여, 보살마하살이 모든 선근으로써 이와 같이 회향할 때에 삼유와 오욕락의 경계를 탐착하지 않으니, 무슨 까닭이겠습니까? 보살마하살이 탐함이 없는 선근으로써 회향하고, 성냄이 없는 선근으로써 회향하며, 어리석음이 없는 선근으로써 회향하고, 해치지 않는 선근으로써 회향하며, 교만함을 여읜 선근으로써 회향하고,

應以不諂善根廻向 應以質直善根廻向 應以精勤善根廻向
應以修習善根廻向 佛子 菩薩摩訶薩 如是廻向時 得淨信
心 於菩薩行 歡喜忍受 修習淸淨大菩薩道 具佛種性 得
佛智慧 捨一切惡 離衆魔業 親近善友 成己大願 請諸衆
生 設大施會 佛子 菩薩摩訶薩 復以此法施 所生善根 如
是廻向 所謂令一切衆生 得淨妙音 得柔軟音 得天鼓音
得無量無數不思議音 得可愛樂音

아첨하지 않는 선근으로써 회향하며, 정직한 선근으로써 회향하고, 부지런한 선근으로써 회향하며, 닦고 익히는 선근으로써 회향합니다.

불자들이여, 보살마하살이 이와 같이 회향할 때에 깨끗한 신심을 얻어서 보살의 행을 기쁘게 인내함으로 받아들이고, 청정한 큰 보살의 도를 닦아 익히며, 부처님의 종자 성품을 갖추어 부처님의 지혜를 얻고, 일체의 악함을 버려 온갖 마의 업을 여의며, 착한 벗을 가까이 하여 자신의 대원을 이루고, 모든 중생을 청하여 크게 보시하는 모임을 베풉니다.

불자들이여, 보살마하살이 다시 이 법보시로 생긴 선근으로써 이와 같이 회향하기를 '일체 중생으로 하여금 깨끗하고 묘한 음성을 얻게 하고, 부드러운 음성을 얻게 하며, 하늘의 북소리를 얻게 하고, 한량없고 셀 수 없는 부사의한 음성을 얻게 하며, 사랑스럽고 즐거운 음성을 얻게 하고,

得淸淨音 得周遍一切佛刹音 得百千那由他不可說功德莊
嚴音 得高遠音 得廣大音 得滅一切散亂音 得充滿法界音
得攝取一切衆生語言音 得一切衆生無邊音聲智 得一切淸
淨語言音聲智 得無量語言音聲智 得最自在音 入一切音聲
智 得一切淸淨莊嚴音 得一切世間無厭足音 得究竟不繫
屬一切世間音 得歡喜音 得佛淸淨語言音 得說一切佛法
遠離癡翳 名稱普聞音

청정한 음성을 얻게 하며, 일체 부처님세계에 두루 하는 음성을 얻게 하고, 백천 나유타 불가설 수의 공덕으로 장엄한 음성을 얻게 하며, 높고 심원한 음성을 얻게 하고, 광대한 음성을 얻게 하며, 일체 산란함을 멸하는 음성을 얻게 하고, 법계에 충만한 음성을 얻게 하며, 일체 중생의 말을 거두어 들이는 음성을 얻게 하고, 일체 중생의 끝없는 음성의 지혜를 얻게 하며, 일체 청정한 말과 음성의 지혜를 얻게 하고, 한량없는 말과 음성의 지혜를 얻게 하며, 가장 자재한 음성으로 일체 음성에 들어가는 지혜를 얻게 하고, 일체 청정하게 장엄한 음성을 얻게 하며, 일체 세간에서 싫어함이 없는 음성을 얻게 하고, 구경에는 일체 세간에 묶이지 않는 음성을 얻게 하며, 환희의 음성을 얻게 하고, 부처님의 청정한 말의 음성을 얻게 하며, 일체 불법을 설함에 어리석음의 가림을 멀리 여의어 이름이 널리 퍼지는 음성을 얻게 하고,

得令一切衆生 得一切法陀羅尼莊嚴音 得說一切無量種
法音 得普至法界無量衆會道場音 得普攝持不可思議法金
剛句音 得開示一切法音 得能說不可說字句差別智藏音 得
演說一切法無所着不斷音 得一切法光明照耀音 得能令一
切世間 清淨究竟 至於一切智音 得普攝一切法句義音 得
神力護持自在無礙音 得到一切世間彼岸智音

일체 중생으로 하여금 일체 법의 다라니로 장엄하는 음
성을 얻게 하며, 일체 한량없는 종류의 법을 설하는 음
성을 얻게 하고, 법계의 한량없는 대중이 모인 도량에
널리 이르르는 음성을 얻게 하며, 불가사의한 법을 널리
거두어 지니는 금강과 같은 글귀의 음성을 얻게 하고,
일체 법을 열어 보이는 음성을 얻게 하며, 불가설 수의
글귀의 차별을 말할 수 있는 지혜 보배장의 음성을 얻게
하고, 일체 법에 집착함이 없고 끊어짐이 없이 널리 펴
설하는 음성을 얻게 하며, 일체 법의 광명이 비추어 빛
나는 음성을 얻게 하고, 일체 세간으로 하여금 구경에는
청정하여 일체 지혜에 이르르게 하는 음성을 얻게 하며,
일체 법의 글귀와 뜻을 널리 거두는 음성을 얻게 하고,
위신력으로 보호하여 지녀서 자재하고 걸림 없는 음성
을 얻게 하며, 일체 세간의 피안에 이르르는 지혜의 음
성을 얻게 한다.

又以此善根 令一切衆生 得不下劣音 得無怖畏音 得無染
着音 得一切衆會道場歡喜音 得隨順美妙音 得善說一切
佛法音 得斷一切衆生疑念 皆令覺悟音 得具足辯才音 得
普覺悟一切衆生長夜睡眠音 佛子 菩薩摩訶薩 復以諸善
根 如是廻向 所謂願一切衆生 得離衆過惡淸淨法身 願一
切衆生 得離衆過惡淨妙功德

또 이 선근으로써 일체 중생으로 하여금 하열하지 않은 음성을 얻게 하고, 두려움 없는 음성을 얻게 하며, 물들어 집착함이 없는 음성을 얻게 하고, 일체의 도량에 모이는 대중이 환희하는 음성을 얻게 하며, 아름답고 묘함을 수순하는 음성을 얻게 하고, 일체 불법을 잘 설하는 음성을 얻게 하며, 일체 중생이 의혹의 생각을 끊어서 모두 깨닫게 하는 음성을 얻게 하고, 변재를 구족한 음성을 얻게 하며, 기나긴 밤의 잠을 자는 일체 중생을 널리 깨닫게 하는 음성을 얻게 한다.'라고 합니다.

불자들이여, 보살마하살이 다시 모든 선근으로써 이와 같이 회향하기를 '일체 중생이 온갖 허물과 악함을 여읜 청정한 법신을 얻기를 서원하고, 일체 중생이 온갖 허물과 악함을 여읜 청정하고 묘한 공덕을 얻기를 서원하며,

願一切衆生 得離衆過惡淸淨妙相 願一切衆生 得離衆過
惡淸淨業果 願一切衆生 得離衆過惡淸淨一切智心 願一
切衆生 得離衆過惡無量淸淨菩提心 願一切衆生 得離衆
過惡了知諸根淸淨方便 願一切衆生 得離衆過惡淸淨信解
願一切衆生 得離衆過惡淸淨勤修無礙行願 願一切衆生
得離衆過惡淸淨正念智慧辯才

일체 중생이 온갖 허물과 악함을 여읜 청정하고 묘한 상
을 얻기를 서원하고, 일체 중생이 온갖 허물과 악함을
여읜 청정한 업과를 얻기를 서원하며, 일체 중생이 온갖
허물과 악함을 여읜 청정한 일체 지혜의 마음을 얻기를
서원하고, 일체 중생이 온갖 허물과 악함을 여읜 한량없
이 청정한 보리심을 얻기를 서원하며, 일체 중생이 온갖
허물과 악함을 여읜 모든 근을 밝게 아는 청정한 방편을
얻기를 서원하고, 일체 중생이 온갖 허물과 악함을 여읜
청정한 믿음과 지혜를 얻기를 서원하며, 일체 중생이 온
갖 허물과 악함을 여읜 청정하고 걸림 없는 서원행을 부
지런히 닦음을 얻기를 서원하고, 일체 중생이 온갖 허물
과 악함을 여읜 청정한 바른 생각과 지혜와 변재를 얻기
를 서원한다.'라고 합니다.

佛子 菩薩摩訶薩 復以諸善根 爲一切衆生 如是廻向 願
得種種淸淨妙身 所謂光明身 離濁身 無染身 淸淨身 極
淸淨身 離塵身 極離塵身 離垢身 可愛樂身 無障礙身 於
一切世界 現諸業像 於一切世間 現言說像 於一切宮殿
現安立像 如淨明鏡 種種色像 自然顯現 示諸衆生大菩提
行 示諸衆生甚深妙法 示諸衆生種種功德 示諸衆生修行
之道 示諸衆生成就之行

불자들이여, 보살마하살이 다시 모든 선근으로써 일체 중생을 위하여 이와 같이 회향하기를 '갖가지 청정하고 묘한 몸 얻기를 서원하니, 광명의 몸과 혼탁함을 여읜 몸과 물듦이 없는 몸과 청정한 몸과 극히 청정한 몸과 티끌을 여읜 몸과 극히 티끌을 여읜 몸과 때를 여읜 몸과 사랑스럽고 즐거운 몸과 장애가 없는 몸이다.

　일체 세계에서 모든 업의 형상을 나타내고 일체 세간에서 언설로 형상을 나타내며 일체 궁전에서 안립하는 형상을 나타내니, 마치 청정한 밝은 거울에 갖가지 색의 형상이 자연히 드러나듯이 모든 중생에게 대보리의 행을 보이고, 모든 중생에게 매우 깊고 묘한 법을 보이며, 모든 중생에게 갖가지 공덕을 보이고, 모든 중생에게 닦고 행하는 도를 보이며, 모든 중생에게 성취하는 행을 보이고,

示諸衆生菩薩行願 示諸衆生於一世界一切世界 佛興於世 示諸衆生一切諸佛神通變化 示諸衆生一切菩薩不可思議解脫威力 示諸衆生成滿普賢菩薩行願一切智性 菩薩摩訶薩 以如是等微妙淨身 方便攝取一切衆生 悉令成就清淨功德一切智身 佛子 菩薩摩訶薩 復以法施 所生善根 如是迴向 願身 隨住一切世界 修菩薩行 衆生見者 皆悉不虛 發菩提心 永無退轉 順眞實義 不可傾動

모든 중생에게 보살의 서원행을 보이며, 모든 중생에게 한 세계에서 일체 세계의 부처님께서 세상에 출현하심을 보이고, 모든 중생에게 일체 모든 부처님의 신통변화를 보이며, 모든 중생에게 일체 보살의 불가사의한 해탈의 위력을 보이고, 모든 중생에게 보현보살의 서원행을 원만히 이루는 일체 지혜의 성품을 보인다.'라고 합니다.

보살마하살이 이와 같은 등의 미묘하고 청정한 몸의 방편으로 일체 중생을 거두어 들여 모두 청정한 공덕과 일체 지혜의 몸을 성취하게 합니다.

불자들이여, 보살마하살이 다시 법보시로 생긴 선근으로써 이와 같이 회향하기를 '몸으로 일체 세계를 따라 머물면서 보살행을 닦기를 서원하니, 보는 중생들은 모두 헛되지 않아서 보리심을 발하여 영원히 퇴전하지 않으며 참답고 실다운 이치를 따름이 움직일 수 없고,

於一切世界 盡未來劫 住菩薩道 而無疲厭 大悲均普 量
同法界 知衆生根 應時說法 常不休息 於善知識 心常正
念 乃至不捨一刹那頃 一切諸佛 常現在前 心常正念 未
曾暫懈 修諸善根 無有虛僞 置諸衆生於一切智 令不退轉
具足一切佛法光明 持大法雲 受大法雨 修菩薩行 入一切
衆生 入一切佛刹 入一切諸法 入一切三世 入一切衆生業
報智 入一切菩薩善巧方便智 入一切菩薩出生智 入一切菩
薩清淨境界智

일체 세계에서 미래겁이 다하도록 보살의 도에 머물러서 피로해하거나 싫어함이 없으며, 대비가 널리 두루하여 법계의 양과 같고, 중생의 근기를 알아서 때에 응하여 설법하되 항상 쉬지 않으며, 선지식을 마음에 항상 바르게 생각하여 한 찰나도 버리지 않고, 일체 모든 부처님께서 항상 목전에 나타나 마음이 항상 바른 생각으로 잠시도 게으른 적이 없어서 모든 선근을 닦아 헛되고 거짓됨이 없으며, 모든 중생을 일체 지혜에 두어서 퇴전하지 않게 하고, 일체 불법의 광명을 구족하여 큰 법구름을 지니고 큰 법비를 받아서 보살의 행을 닦는다.

일체 중생에 들어가고, 일체 부처님세계에 들어가며, 일체 모든 법에 들어가고, 일체 삼세에 들어가며, 일체 중생의 업보의 지혜에 들어가고, 일체 보살의 선교 방편의 지혜에 들어가며, 일체 보살의 태어나는 지혜에 들어가고, 일체 보살의 청정한 경계의 지혜에 들어가며,

入一切佛自在神通 入一切無邊法界 於此安住 修菩薩行

일체 부처님의 자재한 신통에 들어가고, 일체 가없는 법
계에 들어가서 여기에 편안히 머물러 보살의 행을 닦는
다.'라고 합니다."

농선 대원 선사 결문

농선 대원 선사 결문(決文)

문 : 어찌해야 법계에 편히 사는 삶을 보다 빨리 이루겠
     습니까?

답 : 번개다.

문 : 모르겠습니다. 다시 일러 주십시오.

답 : 보태지도 빼지도 말고 사실대로만 잘 전하게.

∽ 미주

* 네 가지 변재[四辯才] : 불보살이 설법하는 데 아무런 장애가 없는 네 가지 변재를 말한다. 사무애지(四無礙智)·사무애해(四無礙解)·사무애변(辭無礙辯)이라고도 한다. 이해 능력을 말할 때는 지(智) 또는 해(解)라 하고, 변재를 말할 때는 변(辯)이라 한다. ① 법무애(法無礙) - 온갖 교법에 통달하여 장애가 없는 것. ② 의무애(義無礙) - 온갖 교법의 뜻을 이해하는 데 장애가 없는 것. ③ 사무애(辭無礙) - 다양한 언어에 통달하여 구사하는 데 장애가 없는 것. ④ 요설무애(樂說無礙) - 온갖 교법을 알아 중생이 좋아하는 말을 하는 데 장애가 없는 것.

* 명구문신(名句文身) : 대승불교의 유식유가행파(唯識瑜伽行派)의 심불상응행법(心不相應行法) 가운데 하나로, 언어로 일체의 뜻(義)을 가리키고 설명할 수 있는 세가지 수단을 정의한 것이다. 명(名)은 명칭을 인연하여 붙여진 자성의 명칭을 말하고, 구(句)는 자성의 차별된 뜻을 나타내는 명이 모여 만들어진 문장을 말하며, 문(文)은 가·나·다와 같이 의미가 없는 소리로 된 문으로 문자를 말하고, 신(身)은 무더기란 뜻으로 복수(複數)를 말한다. 문이 모여 명이 되고 구가 되어야 비로소 의미를 나타내게 된다.

* 상주(商主) : 사람들을 목적지까지 안온하게 이끄는 상단의 장

같은 사람을 말한다.

* 연기법(緣起法) : 일체 유위가 체성에서 일어나는 것이지만 연
을 의지하여 일어나므로 연기라 하는데, 즉 모든 현상은 다른
것과의 관계와 조건이 성립되어 일어나는 것이므로 독립하여
스스로 존재하는 것은 없고 원인이 없다면 결과도 없다는 이치
를 말한다.

부록 1

불조정맥

불조정맥(佛祖正脈)

🪷 인 도

교조 석가모니불 (教祖 釋迦牟尼佛)

1조 마하가섭 (摩訶迦葉)

2조 아난다 (阿難陀)

3조 상나화수 (商那和脩)

4조 우바국다 (優波鞠多)

5조 제다가 (堤多迦)

6조 미차가 (彌遮迦)

7조 바수밀 (婆須密)

8조 불타난제 (佛陀難堤)

9조 복타밀다 (伏馱密多)

10조 파율습박(협) (波栗濕縛, 脇)

11조 부나야사 (富那夜奢)

12조 아나보리(마명) (阿那菩堤, 馬鳴)

13조 가비마라 (迦毗摩羅)

14조 나가르주나(용수) (那闕羅樹那, 龍樹)

15조 가나제바 (迦那堤波)

16조 라후라타 (羅睺羅陀)

17조 승가난제 (僧伽難提)

18조 가야사다 (迦耶舍多)

19조 구마라다 (鳩摩羅多)

20조 사야다 (闍夜多)

21조 바수반두 (婆修盤頭)

22조 마노라 (摩拏羅)

23조 학륵나 (鶴勒那)

24조 사자보리 (師子菩堤)

25조 바사사다 (婆舍斯多)

26조 불여밀다 (不如密多)

27조 반야다라 (般若多羅)

28조 보리달마 (菩堤達磨)

🪷 중 국

29조 신광 혜가 (2 조 神光 慧可)

30조 감지 승찬 (3 조 鑑智 僧璨)

31조 대의 도신 (4 조 大醫 道信)

32조 대만 홍인 (5조 大滿 弘忍)

33조 대감 혜능 (6조 大鑑 慧能)

34조 남악 회양 (7조 南嶽 懷讓)

35조 마조 도일 (8조 馬祖 道一)

36조 백장 회해 (9조 百丈 懷海)

37조 황벽 희운 (10조 黃檗 希運)

38조 임제 의현 (11조 臨濟 義玄)

39조 흥화 존장 (12조 興化 存奬)

40조 남원 혜옹 (13조 南院 慧顒)

41조 풍혈 연소 (14조 風穴 延沼)

42조 수산 성념 (15조 首山 省念)

43조 분양 선소 (16조 汾陽 善昭)

44조 자명 초원 (17조 慈明 楚圓)

45조 양기 방회 (18조 楊岐 方會)

46조 백운 수단 (19조 白雲 守端)

47조 오조 법연 (20조 五祖 法演)

48조 원오 극근 (21조 圓悟 克勤)

49조 호구 소륭 (22조 虎丘 紹隆)

50조 응암 담화 (23조 應庵 曇華)

51조 밀암 함걸 (24조 密庵 咸傑)

52조 파암 조선 (25조 破庵 祖先)

53조 무준 사범 (26조 無準 師範)

54조 설암 혜랑 (27조 雪岩 慧郞)

55조 급암 종신 (28조 及庵 宗信)

56조 석옥 청공 (29조 石屋 淸珙)

한 국

57조 태고 보우 (1 조 太古 普愚)

58조 환암 혼수 (2 조 幻庵 混脩)

59조 구곡 각운 (3 조 龜谷 覺雲)

60조 벽계 정심 (4 조 碧溪 淨心)

61조 벽송 지엄 (5 조 碧松 智儼)

62조 부용 영관 (6 조 芙蓉 靈觀)

63조 청허 휴정 (7 조 淸虛 休靜)

64조 편양 언기 (8 조 鞭羊 彦機)

65조 풍담 의심 (9 조 楓潭 義諶)

66조 월담 설제 (10조 月潭 雪霽)

67조 환성 지안 (11조 喚醒 志安)

68조 호암 체정 (12조 虎巖 體淨)

69조 청봉 거안 (13조 靑峰 巨岸)

70조 율봉 청고 (14조 栗峰 靑杲)

71조 금허 법첨 (15조 錦虛 法沾)

72조 용암 혜언 (16조 龍巖 慧言)

73조 영월 봉율 (17조 詠月 奉律)

74조 만화 보선 (18조 萬化 普善)

75조 경허 성우 (19조 鏡虛 惺牛)

76조 만공 월면 (20조 滿空 月面)

77조 전강 영신 (21조 田岡 永信)

78대 농선 대원 (22대 弄禪 大圓)

농선 대원 선사님
인가 내력

농선 대원 선사님 인가 내력

제 1 오도송

이 몸을 끄는 놈 이 무슨 물건인가?
골똘히 생각한 지 서너 해 되던 때에
쉬이하고 불어온 솔바람 한 소리에
홀연히 대장부의 큰 일을 마치었네

무엇이 하늘이고 무엇이 땅이런가
이 몸이 청정하여 이러-히 가없어라
안팎 중간 없는 데서 이러-히 응하니
취하고 버림이란 애당초 없다네

하루 온종일 시간이 다하도록
헤아리고 분별한 그 모든 생각들이

옛 부처 나기 전의 오묘한 소식임을
듣고서 의심 않고 믿을 이 누구인가!

此身運轉是何物
疑端汨沒三夏來
松頭吹風其一聲
忽然大事一時了

何謂靑天何謂地
當體淸淨無邊外
無內外中應如是
小分取捨全然無

一日於十有二時
悉皆思量之分別
古佛未生前消息
聞者卽信不疑誰

농선 대원 선사님의 스승이신 불조정맥 제77조 조계종(曹溪宗) 전
강(田岡) 대선사님께서 1962년 대구 동화사의 조실로 계실 당시 농
선 대원 선사님께서도 동화사에 함께 머무르고 계셨다.
하루는, 전강 대선사님께서 대원 선사님의 3연으로 되어 있는 제
1오도송을 들어 깨달은 바는 분명하나 대개 오도송은 짧게 짓는다

고 말씀하셨다. 이에 대원 선사님께서는 제1오도송을 읊은 뒤, 도솔암을 떠나 김제들을 지나다가 석양의 해와 달을 보고 문득 읊었던 제2오도송을 일러드렸다.

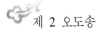 제 2 오도송

해는 서산 달은 동산 덩실하게 얹혀 있고
김제의 평야에는 가을빛이 가득하네
대천이란 이름자도 서지를 못하는데
석양의 마을길엔 사람들 오고 가네

日月兩嶺載同模
金提平野滿秋色
不立大千之名字
夕陽道路人去來

제2오도송을 들으신 전강 대선사님께서는 이에 그치지 않고 그와 같은 경지를 담은 게송을 이 자리에서 즉시 한 수 지어볼 수 있겠냐고 하셨다. 대원 선사님께서는 곧바로 다음과 같이 읊으셨다.

바위 위에는 솔바람이 있고

산 아래에는 황조가 날도다
대천도 흔적조차 없는데
달밤에 원숭이가 어지러이 우는구나

岩上在松風
山下飛黃鳥
大千無痕迹
月夜亂猿啼

　전강 대선사님께서는 위 송의 앞의 두 구를 들으실 때만 해도 지
그시 눈을 감고 계시다가 뒤의 두 구를 마저 채우자 문득 눈을 뜨
고 기뻐하는 빛이 역력하셨다.
　그러나 전강 대선사님께서는 여기에서도 그치지 않고 다시 한 번
물으셨다.
　"대중들이 자네를 산으로 불러내고 그중에 법성(향곡 스님 법제자
인 진제 스님. 동화사 선방에 있을 당시에 '법성'이라 불렸고, 나중에 '법
원'으로 개명하였다.)이 달마불식(達磨不識) 도리를 일러보라 했을 때
'드러났다'라고 답했다는데, 만약에 자네가 당시의 양무제였다면
'모르오'라고 이르고 있는 달마 대사에게 어떻게 했겠는가?"
　대원 선사님께서 답하셨다.
　"제가 양무제였다면 '성인이라 함도 서지 못하나 이러-히 짐의
덕화와 함께 어우러짐이 더욱 좋지 않겠습니까?' 하며 달마 대사의

손을 잡아 일으켰을 것입니다."

전강 대선사님께서 탄복하며 말씀하셨다.

"어느새 그 경지에 이르렀는가?"

"이르렀다곤들 어찌 하며, 갖추었다곤들 어찌 하며, 본래라곤들 어찌 하리까? 오직 이러-할 뿐인데 말입니다."

대원 선사님께서 연이어 말씀하시자 전강 대선사님께서 이에 환희하시니 두 분이 어우러진 자리가 백아가 종자기를 만난 듯, 고수 명창 어울리듯 화기애애하셨다.

달마불식 공안에 대한 위의 문답은 내력이 있는 것이다. 전강 대선사님께서 대원 선사님을 부르기 며칠 전에, 저녁 입선 시간 중에 노장님 몇 분만이 자리에 앉아있을 뿐 자리가 텅텅 비어 있었다고 한다.

대원 선사님께서 이상히 여기고 있던 중, 밖에서 한 젊은 수좌가 대원 선사님을 불렀다. 그 수좌의 말이 스님들이 모두 윗산에 모여 기다리고 있으니 가자고 하기에 무슨 일인가 하고 따라가셨다.

그러자 그 자리에 있던 법성 스님이 보자마자 달마불식 법문을 들고 이르라고 하기에 지체없이 답하셨다.

"드러났다."

곁에 계시던 송암 스님께서 또 안수정등 법문을 들고 물으셨다.

"여기서 어떻게 살아나겠소?"

대뜸 큰소리로 이르셨다.

"안·수·정·등."

이에 좌우에 모인 스님들이 함구무언(緘口無言)인지라 대원 선사님께서는 먼저 그 자리를 떠나 내려와 버리셨다.

그 다음날 입승인 명허 스님께서 아침 공양이 끝난 자리에서 지난 밤 입선시간 중에 무단으로 자리를 비운 까닭을 묻는 대중 공사를 붙여 산 중에서 있었던 일들이 낱낱이 드러나고 말았다. 그리하여 입선시간 중에 자리를 비운 스님들은 가사 장삼을 수하고 조실인 전강 대선사님께 참회의 절을 했던 일이 있었다.

전강 대선사님께서는 이때에 대원 선사님께서 달마불식 도리에 대해 일렀던 경지를 점검하셨던 것이다.

이런 철저한 검증의 자리가 있었던 다음 날, 전강 대선사님께서 부르시기에 대원 선사님께서 가보니 주지인 월산(月山) 스님께서 모든 것이 약조된 데에서 입회해 계셨으며 전강 대선사님께서는 곧바로 다음과 같이 전법게(傳法偈)를 전해주셨다.

 전 법 게

부처와 조사도 일찍이 전한 것이 아니거늘
나 또한 어찌 받았다 하며 준다 할 것인가
이 법이 2천년대에 이르러서
널리 천하 사람을 제도하리라

佛祖未曾傳
我亦何受授
此法二千年
廣度天下人

　덧붙여 이 일은 월산 스님이 증인이며 2000년까지 세 사람 모두
절대 다른 사람이 알게 하거나 눈에 띄게 하지 않아야 한다고 당
부하셨다.

　만약 그러지 않을 시에는 대원 선사님께서 법을 펴 나가는데 장
애가 있을 것이라고 예언하셨다. 또한 각별히 신변을 조심하라 하
시고 월산 스님에게 명령해 대원 선사님을 동화사의 포교당인 보
현사에 내려가 교화에 힘쓰게 하셨다.

　대원 선사님께서 보현사로 떠나는 날, 전강 대선사님께서는 미리
적어두셨던 부송(付頌)을 주셨으니 다음과 같다.

 부 송

　어상을 내리지 않고 이러-히 대한다 함이여
　뒷날 돌아이가 구멍 없는 피리를 불리니
　이로부터 불법이 천하에 가득하리라

不下御床對如是
後日石兒吹無孔
自此佛法滿天下

　위의 송의 '어상을 내리지 않고 이러-히 대한다 함이여'라는 첫째 줄 역시 내력이 있는 구절이다.
　전에 대원 선사님께서 전강 대선사님을 군산 은적사에서 모시고 계실 당시 마당에서 홀연히 마주쳤을 때 다음과 같은 문답이 있었다.
　전강 대선사님께서 물으셨다.
　"공적(空寂)의 영지(靈知)를 이르게."
　대원 선사님께서 대답하셨다.
　"이러-히 스님과 대담(對談)합니다."
　"영지의 공적을 이르게."
　"스님과의 대담에 이러-합니다."
　"어떤 것이 이러-히 대담하는 경지인가?"
　"명왕(明王)은 어상(御床)을 내리지 않고 천하 일에 밝습니다."
　위와 같은 문답 중에 대원 선사님께서 답하신 경지를 부송의 첫째 줄에 담으신 것이다.

　전강 대선사님께서 대원 선사님을 인가(印可)하신 과정을 볼 때 한 번, 두 번, 세 번을 확인하여 철저히 점검하신 명안종사의 안목

에 탄복하지 않을 수 없으며 이에 끝까지 1초의 머뭇거림도 없이
명철하셨던 대원 선사님께 찬탄하지 않을 수 없다.

그리하여 법열로 어우러진 두 분의 자리가 재현된 듯 함께 환희
용약하지 않을 수 없다.

이제 전강 대선사님과 약속한 2천년대를 맞이하였으므로 여기에
전법게를 밝힌다.

이로써 경허, 만공, 전강 대선사님으로 내려온 근대 대선지식의
정법의 햇불이 이 시대에 이어져 전강 대선사님의 예언대로 불법
이 천하에 가득할 것이다.

21세기에
인류가 해야 할 일

21세기에 인류가 해야 할 일

이 사람은 1962년 26세 때부터 21세기에 인류에게 닥칠 공해문제, 에너지문제를 예견하고 대체에너지(무한원동기, 태양력, 파력, 풍력 등) 개발과 '울 안의 농법'을 연구하고 그 필요성을 많은 이들에게 이야기해 왔습니다.

당시에는 너무 시대를 앞서가는 이야기여서인지 일반인들이 수용하지 못하고 오히려 불신의 눈으로 바라보며 이 사람의 법마저 의심하였습니다. 하지만 현대에 있어서는 이것이 인류가 해결해야 할 가장 절박한 사안이 되어 있습니다.

'사막화방지 국제연대'를 설립한 것도 현재 인류가 해결해야 할 가장 절박한 지구환경문제를 이슈화시키고 그 해결책을 제시하여 재앙에 직면한 지구촌을 살리기 위해서입니다.

'사막화방지 국제연대'에서 추진하고 있는 사막화 방지, 지구 초원화, 대체에너지 개발은 온 인류가 발 벗고 나서서 해야 할 일입니다.

첫째 사막화 방지에 있어서 기존에 해왔던 '나무심기 사업'은 천문학적인 예산과 많은 인력을 동원하고도 극도로 황폐한 사막화된 환경을 되살리는 데 실패하였습니다.

그래서 이 사람은 사막화 방지에 있어서는 '사막 해수로 사업'을 새로운 방안으로 제시하였습니다.

사막 해수로 사업은 사막화된 지역에 수도관을 매설하여 바닷물을 끌어들여서 염분에 강한 식물을 중심으로 자연생태계를 복원하는 사업입니다.

이것은 나무심기 사업으로 심은 나무들이 절대적으로 물이 부족하여 생존할 수 없었던 문제를 해결할 수 있는, 현재로서는 유일한 해결책입니다.

그러나 '사막화방지 국제연대'의 목적은 사막이 확장되는 것을 방지하자는 것이지 사막 전체를 완전히 없애자는 것은 아닙니다. 인체에서 심장이 모든 피를 전신의 구석구석까지 골고루 보내어 살아서 활동하게 하듯이 사막은 오히려 지구의 심장 역할을 하는 중요한 곳이기 때문입니다.

그래서 21세기에 있어서는 다만 사막의 확장을 방지할 뿐 아니라 사막을 어떻게 운용하느냐를 연구해야 합니다.

사막에 바둑판처럼 사방이 막힌 플륨관 수로를 설치하여 동, 서, 남, 북 어느 방향의 수로를 얼마만큼 채우느냐 비우느냐에 따라, 사막으로부터 사방 어느 방향으로든 거리까지 조절하여, 원하는 지역에 비를 내리게 하고 그치게 할 수 있습니다. 철저히 과학적인

데이터에 의해 이렇게 사막을 운용함으로써 21세기의 지구를 풍요로운 낙원시대로 만들어가야 합니다.

둘째로 지구를 초원화할 수 있는 방안으로서 3년간의 실험을 통해, 광활한 황무지 지역을 큰 비용을 들이거나 많은 인력을 동원하지 않고도 짧은 시간 내에 초지로 바꿀 수 있는 식물을 찾아냈습니다.

그것은 바로 '돌나물'입니다. 돌나물은 따로 종자를 심을 필요가 없이 헬리콥터나 비행기로 살포해도 생존, 번식할 수 있으며, 추위와 더위, 황폐한 땅에서도 살아남을 수 있는 생명력과 번식력이 강한 식물입니다.

지구환경을 되살리는 초지조성 사업에 있어서 이것이 큰 도움이 되리라 생각합니다.

셋째의 대체에너지 개발에 있어서는 태양력, 파력, 풍력 등 1962년도부터 이 사람이 연구하고 얘기해왔던 방법들이 이미 많이 개발되어 실용화한 단계에 있습니다.

이 세 가지 일은 한 개인이나 한 국가가 할 수 있는 일이 아닙니다. 모든 국가가 앞장서서 전 세계적인 사업으로 이루어져야 합니다. 모든 국가가 함께 한 기금조성이 이루어져야 하고 기금조성에 참여한 국가는 이 시스템에 의한 전면적인 혜택을 입을 수 있도록 해야 합니다.

인류 모두가 지혜를 모아 이 일에 전력을 다한다면 인류는 유사 이래 가장 좋은 시절을 맞이하게 될 것이며, 만약 이 일을 남의 일인 양 외면한다면 극한의 재앙을 면할 수 없을 것입니다.

이 사람이 오래 전부터 얘기해왔던 '울 안의 농법'은 이미 미국 라스베이거스(Las Vegas)에서 30층짜리 '고층 빌딩 농장'으로 구현되었습니다. 그렇게 크게도 운영될 수 있지만 각자 자신의 집에서 이루어지는 '울 안의 농법'도 필요합니다.

21세기에 있어서 또 하나 인류가 만일의 사태를 대비해서 연구, 추진해야 될 일이 있다면 바닷속에서의 수중생활, 수중경작입니다.

지구가 심하게 온난화될 경우, 공기가 너무 많이 오염될 경우, 바닷물이 높아져 살 땅이 좁아질 경우 등에 대비할 때, 인류는 우주에서의 삶보다는 바닷속에서의 삶을 준비해야 합니다. 왜냐하면 그것이 훨씬 수월하고 비용도 절감할 수 있기 때문입니다.

이렇게 깨달은 이는 이변적으로는 깨달음을 얻게 하여 영생불멸의 삶을 영위할 수 있도록 만인을 이끌어야 하며 사변적으로는 일반인이 예측할 수 없는 백 년, 천 년 앞을 내다보아 이를 미리 앞서 대비하도록 만인의 삶을 이끌어줘야 한다고 생각합니다.

불법의 뜻은 다만 진리 전수에만 있는 것이 아니니, 만인이 서로 함께 영원한 극락을 누릴 때까지 물심양면으로, 이사일여로 베풀어 교화해야 하기 때문입니다.

부록 4

가슴으로 부르는
불심의 노래

여기에 실린 것들은 모두 농선 대원 선사님
께서 직접 작사하신 곡들이다.

　수행의 길로 들어서게끔 신심, 발심을 북돋
아주는 곡으로부터 수행의 길로 접어든 이의
구도의 몸부림이 담겨있는 곡, 대승의 원력을
발해서 교화하는 보살의 자비심과 함께 낙원
세계를 누리는 풍류를 그려놓은 곡까지 가사
한마디, 한마디가 생생하여 그 뜻이 뼛속 깊이
새겨지고 그 멋에 흠뻑 취하게 된다.

　농선 대원 선사님께서는 거칠고 말초적인
요즘의 노래를 듣고 이러한 정서를 순화시키
고자, 또한 수행의 마음을 진작시키고자 하는
뜻에서 이 곡들을 작사하셨다.

🪷 가슴으로 부르는 불심의 노래 - 가사 목록

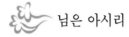 님은 아시리

1 부

1. 사계절의 풍광인들 위로되겠니
서사시의 음률인들 쉬어지겠니
뜻과 같이 되지 않아 기도에 젖은
이 마음 님은 아시리
한 세상 열정 쏟아 닦는 수행길
불보살님 출현하셔 베푼 자비에
모든 망상, 모든 번뇌 없었으면 좋으련만
마음대로 안 되는 게 수행이더라, 수행이더라

2. 사계절의 풍광인들 위로되겠니
서사시의 음률인들 쉬어지겠니
뜻과 같이 되지 않아 기도에 젖은
이 마음 님은 아시리
청춘의 모든 욕망 사뤄버리고
회광반조 촌각 아낀 열정 쏟아서
이룬 선정 그 효력이 있었으면 좋으련만
마음대로 안 되는 게 보림이더라, 보림이더라

3. 사계절의 풍광인들 위로되겠니
서사시의 음률인들 쉬어지겠니
뜻과 같이 되지 않아 기도에 젖은
이 마음 님은 아시리
억겁의 모든 습성 꺾어보려고
갖은 노력 갖은 인내 온통 쏟아서
세월 잊은 보림 성취 있었으면 좋으련만
마음대로 안 되는 게 성불이더라, 성불이더라

2 부

1. 사계절의 풍광인들 비유되겠니
가릉빈가 음률인들 비교되겠니
뜻과 같이 자유자재 베풀어놓고
한없이 즐기시련만
그러한 대자유의 삶을 접고서
중생들을 구제하려 삼도에 출현
갖은 역경 어려움을 감내하는 자비로써
깨워주는 그 진리에 눈을 뜨거라, 눈을 뜨거라

2. 사계절의 풍광인들 비유되겠니
가릉빈가 음률인들 비교되겠니
뜻과 같이 자유자재 베풀어놓고
한없이 즐기시련만
억겁을 다하여도 끝이 없을 걸
알면서도 해내겠다 나선 님의 길
가시밭길 험난해도 일관하신 그 자비에
구류중생 깨달아서 정토 이루리, 정토 이루리

3. 사계절의 풍광인들 비유되겠니
가릉빈가 음률인들 비교되겠니
뜻과 같이 자유자재 베풀어놓고
한없이 즐기시련만
낙원의 모든 즐김 떨쳐버리고
삼악도를 낙원으로 이뤄놓겠다
촌각 아낀 그 열정에 모두 모두 감화되어
이 땅 위에 님의 소원 이뤄지리라, 이뤄지리라

 불보살의 마음

1. 자비, 그 자비는 눈물이었네
불나방이 불을 쫓듯 가는 이
그래도 못 잊어서 버리지 못해
저리는 저리는 가슴, 그 가슴 안고서
눈물, 피눈물로 저리 부르네

2. 자비, 그 자비는 눈물이었네
제 살 길을 저버리는 이들을
그래도 못 잊어서 버리지 못해
저리는 저리는 가슴, 그 가슴 안고서
눈물, 피눈물로 저리 부르네

 나의 노래

1. 노세 노세 봄놀이하세
대천세계 이 봄 경치
한산 습득 친구삼아
호연지기 즐겨볼까
얼씨구나 절씨구
아니나 즐기고 무엇하리

2. 노세 노세 봄놀이하세
걸음 쫓아 이른 곳곳
문수보현 벗을 삼아
화엄광장 춤춰볼까
얼씨구나 절씨구
아니나 즐기고 무엇하리

 잘 사는 게 불법일세

1. 잘 사는 게 불법일세
우리 모두 관음보살 지장보살 생활 속에
모시면서
마음 비운 나날들로 바른 삶을 하노라면
불보살님 가피 속에 뜻 이뤄서 꽃을 피운
그런 날이 있을 걸세

2. 잘 사는 게 불법일세
우리 모두 관음보살 지장보살 생활 속에
모시면서
마음 비워 살아가며 시시때때 잊지 않고
참나 찾아 참구하는 그 정성도 함께하면
좋은 소식 있을 걸세

3. 잘 사는 게 불법일세
우리 모두 관음보살 지장보살 생활 속에
모시면서
틈틈으로 회광반조 사색으로 참나 깨쳐
화장세계 장엄하고 얼쉬얼쉬 어울리며
영원토록 웃고 사세

 선 승

토함산 소나무 위에 달빛도 조는데
단잠을 잊은 채 장승처럼 앉아있는
깊은 밤 선승의 그윽한 눈빛
고요마저 서지 못한 선정이라
대천도 흔적 없고 허공계도 머물 수 없는
수정 같은 광명이여, 화엄의 세계로세

 우리 모두

우리 모두 만난 인생 즐겁게 살자
부딪치는 세상만사 웃으며 하자
인연으로 어우러진 세상사이니
풀어가는 삶이어야 하지 않겠니

몸종 노릇 하는 사이 맘 챙겨 살자
맑고 맑은 가을 허공 그렇게 비워
명상으로 정신세계 사무쳐보자
언젠가는 깨쳐 웃는 그날이 오리

한산 습득 껄껄 웃는 그러한 웃음
웃어가며 모든 일을 대하는 날로
활짝 펼쳐 어우러진 그러한 삶을
우리 모두 발원하며 즐겁게 살자

 마음이 나로세

본래 마음이 나이건만
몸이 내가 된 삶이 되어
갖은 고통이 따랐다네

맘이 내가 된 삶으로서
갖은 고통이 없는 삶을
우리 누리고 살아보세

이리 쉽고도 쉬운 일을
어찌 등 돌린 삶으로서
고통 속에서 헤매는고

마음 수행을 모두 하여
나고 죽음이 없음으로
태평 세월을 누려보세

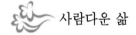 거룩한 만남

불법을 만난 건 행운 중 행운이고 내 생의 정점일세
거룩한 이 법을 만나는 사람이면 서로가 권하고 권을 하여
함께 하는 일상의 수행이 되어서 다 같이 누리는 낙원 이뤄
고통과 생사는 오간 데 없고 웃음과 평온만 넘치고 넘쳐
길이길이 끝이 없는 복락 누리세

여래의 큰 은혜 순간인들 잊으랴 수행해 크게 깨쳐
구제를 다함만 큰 은혜 갚음이니 노력과 실천 다해
우리 모두 씩씩한 낙원의 역군이 되어 봉화적인 이생의 삶
으로써
최선을 다하여 부끄럼 없는 대장부로, 은혜 갚는 장부로
길이길이 끝이 없는 복락 누리세

사람다운 삶

1. 사람이 사람다운 사람이 되려면
명상으로 비우고 비워서
고요의 극치에 이르러
자신을 발견한 슬기로써
마음을 다스리는 연마 후에
그 능력으로 모두가 살아가야
평화로운 세상이 활짝 열려
모두 함께 누릴 걸세

2. 서로가 다툼 없이 서로를 아껴서
마음으로 베풀고 베푸는
사회로 이루어 간다면
낙원이 멀리만 있는 것이 아니라
살고 있는 이대로가 낙원이란 걸
모두가 실감하는
우리들의 세상이 활짝 열려
모두 함께 누릴 걸세

 즐거운 마음

1. 우리 모두 선택받은 제자 되어
즐거운 맘 하나 되어 축하합니다
그 무엇을 이룬들 이리 좋으며
황금보석 선물인들 이만하리까
부처님의 가르침만 따르오리다
실천하리라 실천하리라

2. 부처님의 뒤 이을 걸 맹세하며
다짐으로 즐기는 맘 가득합니다
당당하게 행보하는 구세의 역군
혼신 다해 낙원 이룬 이 세계에서
함께 사는 즐거움을 생각하며
노래합니다 노래합니다

 사는 목적

우리 모두 행복을 찾아 영원을 찾아
내면 향해 비춰보는 명상으로
앉으나 서나 일을 하나 최선을 다하세
하루의 해가 서산을 붉게 물들이고
합장 기도하여 또 다짐과 맹서의 말
뜻 이루어 이 세상의 빛이 돼서
구류를 생사 고해에서 구제하는 사람으로
영원히 영원히 살 것입니다

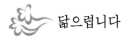 바른 삶 1

우리 삶을 두고서 허무하다 누가 말했나
본래 마음이 나 아닌가
그 마음 나를 삼아 살면 되지
지금도 늦지 않네 우리 모두
오늘부터 모두들 마음으로 나를 삼아
길이길이 웃고들 사세

바른 삶 2

1. 어디어디 어디라 해도
마음 찾아 바로만 살면
그곳 바로 극락이라네
세상분들 귀담아듣고
사람 몸을 가졌을 때에
모든 고비 극복해내서
참선으로 참나를 깨쳐
걸림 없는 해탈의 세상
누려보세 누려들 보세

2. 어두운 곳 태양이 뜨듯
중생계에 불타 출현해
바른 삶으로 인도하서
복된 날을 기약케 하니
아니아니 좋고 좋은가
이 몸 주인 통쾌히 깨쳐
억겁 업을 말끔히 씻고
걸림 없는 해탈의 세상
누려보세 누려들 보세

닮으렵니다

관세음보살 관세음보살
지극한 마음으로 닮으려고
오늘도 노력하며 주어진 일을 하면
하루가 훌쩍 가는 줄도 모른다오
관세음 관세음보살
님께서 베푸는 그 넓은 사랑을
이 맘 속에 기르고 길러서
실천하는 그런 장부 되어서
큰 은혜 갚을 겁니다

수행과 깨침

1. 그릴 수도 없는 마음, 만질 수도 없는 마음
찾으려는 수행이라 모든 것을 다 버리고
모든 생각 비우기를 몇천 번이었던가
머리 터져 피 흘려도 멈출 수가 없는 공부
이 공부가 아니던가

2. 놓지 못해 우두커니 장승처럼 뭐꼬 하고 앉았는데
앞뒤 없어 몸마저도 공해버린 여기에서 이러-한 채
시간 간 줄 모른 채로 눈을 감고 얼마간을 지나던 중
한 때 홀연 큰 웃음에 화장계일세

걱정 말라

1. 걱정 말라 걱정을 말라 불보살님 말씀대로만 행한다면
안 풀리는 일 없다 하지 않았던가
육근으로 보시를 하며 웃고 살자 웃고들 살자
백년 미만 우리네 인생, 세상 만사 마음먹기 달렸다고
일러주시지 않았던가 걱정을 말라

2. 이리 봐도 저리를 봐도 모두모두 내 살림일세
간섭할 수 없는 내 살림 아니아니 그러한가
이리 펼치고 저리 펼쳐 육문으로 지은 복덕
베푸는 맛이 아니 좋은가 우리 사는 지구인 별 함께 가꿔
낙원으로 만들어서 살아들 보세

정한 일일세

우리네 삶이란 것
풀끝 이슬 아니던가
서로서로 위로하고 아끼면서
우리 모두 착한 삶이
이어져 가노라면
언젠가는 행복한
그날이 우리에게
찾아오는 것 정한 일일세
찾아오는 것 정한 일일세

여기가 낙원

참나 찾아 영원을 향해
한눈 안 팔고 노력하고
가정 위해 사회를 위해
뛰고 뛰고 혼신을 다한
나의 노력 결실이 되어
일상에서 누리는 나날
선 자리가 낙원이 되니
초목들도 어깨 춤추고
산새들도 축하를 하네

 ## 따르렵니다

1. 우리 모두 합장 공경 하옵니다
크고 작은 근심 걱정 씻어주려
우릴 찾아 오셨으니 감사합니다 고맙습니다

2. 우리 모두 손에 손을 맞잡고서
즐거웁게 노래하고 춤을 추며
우리에게 오신 님을 경하합니다 축하합니다

3. 우리들의 깊은 잠을 깨워주셔
영생불멸 낙원의 삶 누리게끔
해주시려 오신 님을 공경합니다 따르렵니다

지장보살

지장보살 두 눈의 흐르는 눈물
마르실 날 언제일까 생각하고 또 생각해도
이 세상의 사람들이 멀어지게만 하고 있네요
보살님 어찌해야 하오리까
반야의 실천으로 최선 다해 돕는다면
안 되는 일 있으리까
대원본존 지장보살 나무 지장보살
얼씨구나 절씨구나 한 판 놀음 덩실덩실 살
아들 보세

나는 바보

나는 바보다 나는 바보야
역지사지 알다보니 바보가 되었네
그렇지만 내 주위는 언제나 웃음이 있고
나눔이 있어 행복하다네
나는 나는 그런 바보야
나는 나는 그런 바보야

 ## 옛 고향

고향 옛 고향이 그리워 거니는 산책에
고요한 달빛 휘영청 밝고 밤새는
그 무슨 생각에 저리 부르는 노래인데
숲 타고 온 석종소리에 열리는 옛 내 고향
그리도 캄캄하던 생각들은 흔적도 없고
고요한 마음 옛 고향 털끝만큼도
가리운 것이란 없었는데
어찌해 그 무엇에 어두웠던고 고향길 옛 내 고향
나는 따르리라 끝없는 일이라 하여도
님 하신 구제 고난과 역경
그 어떤 어려움 닥쳐도
님 하시는 일이라면 멈추는 일 없을 것일세
이것만이 보은이라네 보은이라네

 ## 곰탱이

곰탱이 곰탱이 미련 곰탱이
세상 사람 요구 따라 다 들어준
사람더러 곰탱이라네
요구 따라 따지지 않고
들어주기 바쁜 이를 놀려대며 하는 말
곰탱이 곰탱이 미련 곰탱아
그리 살다간 끝내는 빌어먹을 쪽박마저
없겠구나 미련 곰탱아
그래도 덩실덩실 추는 춤을
보며 깔깔 웃는 사람들아
웃는 자신 모르니 서글퍼 내 하는 말
한 판의 꿈속이라 천금만금 쓸데없네
깔깔 웃는 그 실체를 자신 삼아 사는 삶이 되길
바라고 바라는 곰탱이 춤이로세

미련 곰탱이

나는 나를 모르는 곰탱이 곰탱이 미련 곰탱이
나라는 나를 보고 듣는 그거라고 보여주듯 일러줌에
동문서답 일관하는 곰탱이 곰탱이 미련 곰탱이
그러므로 성현들의 천하태평 무릉도원 못 누리고
고생고생 살아가는 곰탱이 곰탱이 미련 곰탱이
그런 삶을 면하려면 나라는 나를 깨달아라
자상하게 이끈 말씀 이행 못한 곰탱이 곰탱이 미련 곰탱이
귀천 없이 이끌어서 선 자리가 안양낙원 되게 하신
말씀을 이행 못한 곰탱이 곰탱이 미련 곰탱이
궁전 낙을 저버리시고 고행 수도 다하셔서
나란 나를 깨침으로 영생의 낙원으로 이끄셨네
이 기회를 놓친다면 다시 만나기 어려웁고 어려우니
칠야삼경 봉화 같은 그 지혜의 광명 받아
각자 것이 되게 하란 그 말씀을
실행 못한 곰탱이 곰탱이 미련 곰탱이
그 지혜의 이끔 받아 각자 경지 이러-히 되는 날엔
백사 만사 무엇이든 뜻대로 이뤄진다 권한 말씀
실행 못한 곰탱이 곰탱이 미련 곰탱이
눈앞의 그 작은 것 쫓다가 영원한 삶의 낙 놓치지 않으려면
나란 나를 꼭 깨달으란 귀한 말씀
실행 못한 곰탱이 곰탱이 미련 곰탱이
금구 성언 귀담아듣지 않고 흘려듣다간
백 년도 못 채운 후회막심 삶 되리니
새겨듣고 새겨들어 실천하란 그 말씀
실행 못한 곰탱이 곰탱이 미련 곰탱이
실천하여 깨닫고 박장대소 하는 날엔
삼세 성현 모두모두와 곰탱이 곰탱이가
누리 안은 광명 놓네 누리 안은 광명 놓아 삼창을 할 거라네

부처님의 말씀

부처님 말씀은 하나하나 자비더라
그러기에 불자들은 온화하고 선하더라
부처님 가르치는 이치는 흐르는 물이고
서늘한 산바람이며 봄꽃 향기요
심금을 울리는 연주요 노래요
포근한 어머니의 사랑이더라
바다처럼 넓고 넓은 자비의 품이더라
포근하고 온화한 그 가르침 하나하나
이치에 어긋남이 없으신 진실이더라
모두모두 다 함께 우리 모두 닮자구요
모두모두 다 함께 우리 모두 닮자구요
모두모두 다 함께 우리 모두 닮자구요
어쩌다 어쩌다 이런 가르침을 만났는지
이 다행 이 요행 헛되이 하지 않아
이 생에 깨달아서 이 크고 큰 은혜
갚는 일에 소홀하지 않으리라
감사합니다 감사합니다 우리 부처님
당신의 후예들마저도 유일하게
전쟁 같은 일들은 일으키지 않습니다
사랑하라 하면서 용서하라 하면서
사람이 사람을 죽이는 일
파리 목숨 취급하듯 하는 일이
있어서야 되겠습니까
혹시라도 이런 일이 종교에 있어서는
절대로 안 되는 일이라 믿습니다
관세음보살 나무아미타불
우리 모두 서로가 서로를 아끼고
사랑합시다 사랑합시다 사랑합시다

즐겁게 살자

나를 찾아 행복을 찾아
내면 향한 명상으로 비춰보며
오늘도 최선을 다한 하루해가 져가네
노을빛 곱게 물이 들고 내 꿈도 이뤄져간다
생각만 하여도 보람찬 미소를 짓는다
세상만사 별것이더냐
서로서로 도와가며 살면서
틈틈이 내면 향한 명상으로
몸 건강 마음 건강 챙기며 사노라면
참나 깨친 박장대소도 짓고
세상 고별 마음대로 하는 날도 있을 걸세
그런 날을 기대하며 일하고 명상하며
하루하루 즐겁게 살자

행복이란

즐거웁게 즐겁게
살아가면 좋잖아
한 번뿐인 인생인데
모두 활짝 웃어요
신이 나게 웃어요
행복이란 돈과 직위에
있는 것 아니라네
행복이란 그 어떤 마음으로
사느냐에 있다네
다 같이 다 같이 웃어들 봐요
그 웃음 타고 행복이 오네
짧은 인생살이 이렇게
만들어가며 살아들 보세

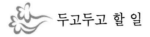 두고두고 할 일

아미타불 사유를 깊이깊이 하여서
하늘땅 생긴 이래 오늘에 이르도록
크나큰 은산철벽 너머 일처럼
까마득히 모르던 나를 깨달았으나
모양 빛깔 없어서 쥐어줄 수도
보여줄 수도 없는 일이라서
입은 옷 뒤집어 보이듯 못하니 한이구나
그러나 보고 듣고 하는 바로 그것이니
마음눈을 활짝 열어 듣는 그곳 향해 살펴봐요, 살펴봐
하늘땅이 간 곳 없고 자신까지 사라진 데서
듣고 아는 그것 내가 아니던가
깊이깊이 참구해서 참나 찾아 결정신을 내리게나
다생겁의 윤회 중에 몸종 노릇 허사란 걸 경험하지 않았던가
그 깨달음에 비추어 세상 일에 응해가며
보림수행하는 일에 방심하지 않아서
구경각을 성취 후에 모든 류를 구제해서
큰 불은 갚음만이 두고두고 할 일일세, 두고두고 할 일일세

화엄의 세계

1. 각자 마음 깨닫고 봐요
누리 그 모두가 장엄이네 장엄, 빛의 장엄
어느 하나 마음의 장엄 아닌 게 없네, 없어
다함 없고 끝이 없는 보고 듣는 마음 하나 바로 쓰면
이대로가 무릉도원 화엄의 세계로세

2. 보고 듣고 느끼고 생각하는
그 모든 것 장엄이네 장엄, 빛의 장엄
어느 하나 빛의 장엄 아닌 게 없네, 없어
다함 없고 끝이 없는 보고 듣는 마음 하나 바로 쓰면
이대로가 화장세계 장엄의 세계로세

일체유심조

듣는 나를 내가 보니 　함께 이뤄 누립시다 　(아리랑 후렴) 　손에 손을 서로잡고
바탕 없는 그 몸에 　함께 이뤄 누립시다 　　함께 누린 삶으로써

갖은 묘용 지녀 있어 　어화둥둥 좋고 좋아 　전능으로 베풀어서 　일상이 된 이런 삶이
오고 감은 물론이요 　얼씨구나 좋고 좋다 　모두 함께 즐겨가며 　맘이 나 된 결과로세

일체 모두 지어내고 　이 마음이 내가 된 삶 　후세들을 깨우는 낙 　이런 일을 아니하고
그걸 또한 응용하여 　이렇게도 상상밖에 　함께 하는 삶이니 　그 무엇을 할것인가

자유자재 그 능력 　달라질 수 있을까- 　이 아니들 좀도 좋고 　모두 모두 맘이 나된
못하는 것 하나 없네 　너무나도 달라져서 　얼씨구나 좋고 좋다 　그 일 실천 꼭 하여서

온 누리에 펼쳐놓고 　내자신이 놀라웁고 　이 능력과 이 힘이면 　태평세월 함께 누린
어울려 누려사세 　놀라워서 뭐라못해 　온 세상을 바꿔 놓는 　그런 삶을 누려보세

이리 좋은 자기능력 　조용하고 차분함 속 　그 어떠한 일이라도 　얼씨구나 좀도 좋고
전혀 몰라 헤매이는 　이 즐거움 말로 못해 　어려울게 뭐 있으리 　절씨구나 좋고 좋다

세상 사람 갖은 고통 　온 누리를 선 자리서 　뜻있으면 길이 있고 　(아리랑 후렴)
몸종 노릇 결과이니 　볼 수 있는 능력이여 　길있으면 하면 되는

마음 나된 삶으로써 　과거일을 알 수 있고 　이리 좋은 그 방법이
억겁 굴레 벗어나서 　미래일을 예감하는 　맘이 나된 그거로세

맘이 지닌 능력회복 　지혜능력 갖춰있어 　이리 좋은 길을 두고
한시 빨리 이루어서 　실수란 것 없는 삶- 　안할 사람 뉘 있으리

영원한 본래 삶을 　꿈 세계도 창조하는 　이 일만이 길이길이
같이 누려 살아 가세 　모두 지닌 능력이니 　행복누릴 길이로세

(아리랑후렴) 　뜻 있으면 가능하니 　넓고 넓은 누리 정원
　이 아니 전능한가 　펼쳐 놓고 모두 함께

🌸 내 마음 내가 된 삶

내 마음 내가 된 삶
모두들 살아봐요

신기하고 신기하다
신기하고 신기해
(세번 반복)

내 마음 내가 되니
영원한 삶이로세

신기하고 신기하다
신기하고 신기해
(세번 반복)

내 마음 내가 되니
안되는 일 없구나

신기하고 신기하다
신기하고 신기해
(세번 반복)

(아리랑 후렴)

꿈 세계도 창조한데
무엇인들 안될건가

신기하고 신기하다
신기하고 신기해
(세번 반복)

원근거리 상관없이
동시에 이르르니

신기하고 신기하다
신기하고 신기해
(세번 반복)

산하석벽 걸림 없이
자유로이 오고가니

신기하고 신기하다
신기하고 신기해
(세번 반복)

(아리랑 후렴)

상대방의 마음도
읽어낼 수 있으니
그 아니 신기한가

신기하고 신기하다
신기하고 신기해
(세번 반복)

과거 현재 미래 일을
앞 일처럼 아는 능력

신기하고 신기하다
신기하고 신기해
(세번 반복)

내 마음 내가 되면
이런 자유 누려사니
그 아니 신기한가

신기하고 신기하다
신기하고 신기해
(세번 반복)

온 누리의 모든 사람
이 행복을 같이 누려
살아들 봅시다

신기하고 신기하다
신기하고 신기해
(세번 반복)

아리랑 아리랑 아라리요
아리랑 고개로 넘어간다

좀도 좋다

듣는 나를 알지 못해
생활하는 그 가운데
알고파서 명상한데

어허 참말 이럴수가
창피하고 창피하다
창피하고 창피해-

듣는 그 곳 살펴보면
허공처럼 텅텅비어
어찌해야 옳을지를

어허 참말 이럴수가
창피하고 창피하다
창피하고 창피해-

허공처럼 비었으나
그게 듣고 대답하니
그게 바로 내 아닐까

어허 참말 이럴수가
창피하고 창피하다
창피하고 창피해-

그러다가 깨달으니
나고 죽음 본래없는
온통 온통 나로구나

얼씨구야 절씨구야
좀도 좋고 좀도 좋다
좀도 좋고 좀도 좋아

맘이 나 된 삶을 사니
낙원 따로 없는 것을
멍청하게 살았구려

얼씨구야 저절시구
좀도 좋고 좀도 좋다
좀도 좋고 좀도 좋아

꿈의 세계 창조했던
그 능력은 오직 하나
맘이 나된 때문일세

얼씨구야 저절시구
좀도 좋고 좀도 좋다
좀도 좋고 좀도 좋아

이 마음이 내가 되니
천리 만리 시차없고
아니된 일 전혀 없네

얼씨구야 저절시구
좀도 좋고 좀도 좋다
좀도 좋고 좀도 좋아

낙원의 삶 이 아닌가
영원의 삶 이 아닌가
맘이 나 된 삶을 사세

얼씨구야 저절시구
좀도 좋고 좀도 좋다
좀도 좋고 좀도 좋아

🌸 그 말씀

1. 님들의 고구정녕 그 말씀 맘에 새기세
그러면 오는 날엔 행복을 누리며
이웃들을 도우며 살리
개미처럼 개미처럼 개미처럼
개미처럼 개미처럼 개미처럼
개미처럼 개미처럼 개미처럼
이것저것 논하려 하지 말고 서로가
서로를 도와 세상을 이끄는 데 노력하면
이 세상의 그 어떠한 일일지라도
못 이룰 일 없을 것일세
꿀벌처럼 꿀벌처럼 꿀벌처럼
꿀벌처럼 꿀벌처럼 꿀벌처럼
꿀벌처럼 꿀벌처럼 꿀벌처럼

2. 님들의 가르침을 실행한 덕으로써
마음에 갖추어진 갖가지 능력을
부려 써서 누리는 삶을
개미처럼 개미처럼 개미처럼
꿀벌처럼 꿀벌처럼 꿀벌처럼
더불어 함께하면 별유천지 눈앞에 일이로세
이 모든 것이 참고 참아 극복해 이겨냈던
그 공덕의 결실이로세 그 공덕의 결실이로세
구름위의 백학처럼 구름위의 백학처럼 구름위의 백학처럼
함께누려 살아가세 함께누려 살아가세 함께누려 살아가세

웃고 살자

1. 아하하하 우습다 아하하하 우스워
제 그림자 모르고 저라 하는 사람 보고 아니 웃고 울랴
아하하하 우습다 아하하하 우스워(3번 반복)
여섯 도적 종노릇에 헌신하는 사람 보고 아니 웃고 울랴
아하하하 우습다 아하하하 우스워
저승세계 코앞인데 대비 없는 사람 보고 아니 웃고 울랴
아하하하 우습다 아하하하 우스워(3번 반복)
참나 찾지 아니하고 허송하는 사람 보고 아니 웃고 울랴
아하하하 우습다 아하하하 우스워(3번 반복)
아리랑 아리랑 아라리요
아리랑 고개를 넘어간다
나를 버리고 가시는 님은
십 리도 못 가서 되돌아온다

2. 즐겁고도 즐겁다 즐겁고도 즐거워(3번 반복)
좋은 인연 있었던가 거룩한 이 만나서 참나 찾은 이 행운이
즐겁고도 즐겁다 즐겁고도 즐거워(3번 반복)
이 행운을 나 혼자서 누리기에 아쉬워 인도하려 나섰는데
아리랑 아리랑 아라리요 아리랑 아리랑 아라리가 났네
즐겁고도 즐겁다 즐겁고도 즐거워(3번 반복)
영원한 나 찾음으로 한순간에 성취한 낙원의 삶 권하나니
즐겁고도 즐겁다 즐겁고도 즐거워(3번 반복)
우리 모두 다 함께 얼싸안고 누리는 그런 세상 노력하세
즐겁고도 즐겁다 즐겁고도 즐거워(3번 반복)
아리랑 아리랑 아라리요
아리랑 고개를 넘어간다
청천 하늘엔 잔별도 많고
이내 가슴엔 희망도 많다

서로서로 나누면서

버들 푸르고 꽃 만발하고 나비 춤이더니
녹음이 우거지고 매미들의 노래 가득한 천지
울긋불긋 고운 단풍 어제인 듯한데 눈이 오네
우리 모두의 삶 저러하고 저렇지 않던가
보기도 아까웁고 소중한 형제 자매들이니
서로서로 나누면서 짧은 우리네 삶을 즐김으로 살아가세

사람 사는 이치

이 세상 사람들 사는 것
농부들 농사를 짓는 것과
조금도 다를 바 없는 이치이니
여러분 귀 기울여 들어보시오
얼씨구나 좋네 지화자 좋네 아니아니 그러한가

봄이 되면 깊이깊이 간직해 둔 씨곡식을
꺼내다 땅을 파고 다듬어서 골을 파고 뿌린 후에
오뉴월 찜더위에 구슬땀을 흘리면서
김을 매어 가꾸는 것은 엄동설한 추운 날에
사랑하는 부모님과 아내 자식들 모두
잘 지내게 하려는 깊은 뜻에서라네
얼씨구나 좋네 지화자 좋네 아니아니 그러한가

어떤 이가 말을 하기를 늘 현재만을 즐겁게 살자
강변함을 보았는데 좋은 말이기는 하지만
그 말은 자칫하면 희망이 없는 잘못된 말이라네
그러므로 내일을 위하여 오늘의 어려움을 즐기면서
밝게밝게 살아갑시다
얼씨구나 좋네 지화자 좋네 아니아니 그러한가

 불법 공부

1. 이 세상 사는 분들게
권하오니 나를 찾는
이뭐꼬 화두 공부를
곰곰이 챙기고 챙겨
쉬지 않고 하다보면
하늘땅도 흔적 없이
사라지고 몸 없는 내가
환한 웃음 짓는 날이
있을테니 결정신을
내리어서 우리 함께
길이길이 누립시다

2. 불법 만난 이 다행을
그 무엇과 비교하랴
이 다행을 만났을 때
최선 다한 실행으로
금생에서 크게 깨쳐
불보살님 칭찬 받는
오후보림 필히 마쳐
중생 다한 그때까지
님의 은혜 갚을 것을
굳은 의지 맹서로써
다짐하고 다짐하세

3. 때가 없고 장소 없이
뜻을 따라 이뤄지는
이리 좋은 세상살이
본래부터 갖춰짐을
누리는 삶 우리 모두
일심동체 그리 되어
이 생 저 생 할 것 없이
얼씨구나 절씨구나
노래하고 춤도 추며
천생만생 누립시다
길이길이 누립시다

 좋구나

좋구나
이곳이 어때서
낙원에 장소가 있나요

마음이 착하면
선 곳이 무릉도원
이런 삶이 참 삶이라네

미소를 지으며
손에 손을 잡고서
태평가를 모두들 불러요

우리들 이렇게 서로 만나 사는 것
백겁천생 인연이라네

세월아 맞춰라
내 즐기고 즐기며
함께하는 이들에게 위로를 하려네

 나는 바보

나는 바보다 나는 바보야
역지사지 알다보니 바보가 되었네
그렇지만 내 주위는 언제나 웃음이 있고
나눔이 있어 행복하다네
나는 나는 그런 바보야
나는 나는 그런 바보야

영원한 행복 찾기 불법

1. 사람 사람마다
지닌 그 마음이
내가 된 삶으로
살아 가노라면
자연 알게 되네

둥글고 둥글게
모남없이 살자
(세번 반복)

마음 먹은대로
하고 싶은대로
척척 이뤄지고
꿈을 창조하던
능력 부린 날도
멀지 않으리니

둥글고 둥글게
모남없이 살자
(세번 반복)

노력 실천 다해
영원한 삶으로
영원한 행복을
함께 누려보세
함께 누려보세

둥글고 둥글게
모남없이 살자
(세번 반복)

2. 사람 사람마다
맘을 깨달아서
맘이 내가 되면
평등 그 자체라
자연인이 되어

둥글고 둥글게
모남없이 살자
(세번 반복)

서로 어울려서
나눈 인간미들
행복 그 자체며
오간 말들마다
온화한 그 체취

둥글고 둥글게
모남없이 살자
(세번 반복)

차별없는 베풂
풍족한 맘이고
가족같은 일상
낙원의 이 삶을
함께 누려보세
함께 누려보세

둥글고 둥글게
모남없이 살자
(세번 반복)

불법은 내게 있어
첫째도 둘째에도
내 삶의 이유이고
내 삶의 온통이며
마음의 광채이고
마음의 자비이며
자비의 실천이고
자비의 일상이며
희망의 꽃밭이고
희망의 피안이며
서원의 동력이고
서원의 자산이며
모두의 태평이고
모두의 영원일세

금강의 노래 1

일 없는 경지인 부처님, 중생 위해
한순간도 쉼 없이 일심전력 쏟으시네.

사위국 기수급고독원서 1250명의 비구
들과 계실 때 세존께서 공양 때가 되자
가사 입고 발우 들고 사위성에 들어 차
례차례 비신 후에 본 곳에 오셔 드시고
가사 발우 거둔 다음 발 씻고 자리 펴 앉
으셨네.

이때 장로 수보리 대중 가운데 있다가
자리에서 일어나 오체투지로 앉아 공경
히 합장하고 부처님께 여쭙기를
"희유합니다. 세존이시여. 모든 수행하
는 보살들에게 잘 생각하여 지키게 하시
고 잘 부촉하셨습니다. 그러나 세존이시
여 아뇩다라삼먁삼보리 마음을 내어 어
떻게 머무르며 어떻게 그 마음을 항복시
켜야 합니까?"

"착하고도 착하구나. 수보리야. 네가
말한 대로 여래는 모든 보살들이 잘 생
각하여 지키게 하였고 모든 보살들에게
잘 부촉하였다. 그러나 제삼 청하니 너
희들은 자세히 들거라. 그대들을 위해
일러주리라.

선남자 선여인들이여, 아뇩다라삼먁삼
보리 마음을 내어 마땅히 이러-히 머물
고 이러-히 그 마음을 항복시켜야 하니
라."

금구성언 말씀대로 실천 다해
내 기어이 성취하여 구류 구제
최선 다해 큰 은혜를 보답하리

"그러하오나 세존이시여, 정말 그렇습
니다만 바라옵건대 보다 더 자세히 듣고
자 하나이다."

부처님께서 수보리에게 말씀하시기를
"모든 보살마하살은 마땅히 이러-히 그
마음을 항복시켜야 하니라. 내가 모든
중생들인 아홉 가지 무리들을 모두 남김
없이 열반에 들게 하여 이러-히 한량없
고 수없고 끝없는 중생을 멸도해서는 진
실로 멸도 얻은 중생이 없어야 하니라.

왜냐하면 수보리야 만일 보살이 아상,
인상, 중생상, 수자상이 있다면 곧 보살
이라 할 수 없기 때문이다.

수보리야, 보살은 마땅히 법에도 머무
름 없이 보시를 해야 하는 것이니 색에
머무름 없이 보시를 해야 하며, 소리나
향기나 맛이나 촉감이나 법에도 머무름
없이 보시를 해야 하니라.

수보리야, 마땅히 보살은 이러-히 보시
를 하여 모든 상에 머무름이 없어야 하
는 것이니, 만약 보살이 상에 머무름 없
이 보시를 하면 그로 인한 복덕은 생각
으로 헤아릴 수 없느니라. 왜냐하면 끝
없는 미래에 누리기 때문이니라.

그대는 어떻게 생각하느냐? 몸과 모
양으로 여래를 볼 수 있겠느냐, 없겠느
냐?"

"볼 수 없습니다. 세존이시여. 몸과 모
양으로는 여래를 볼 수 없습니다. 왜냐
하면 여래께서 말씀하신 몸과 모양은 곧
몸과 모양이 아니기 때문입니다."

"수보리야, 무릇 있는 바 상이 모두 허
망하다고들 하나 만약 모든 상이 상 아
님을 보면 바로 여래를 본 것이니라."

금구성언 말씀대로 실천 다해
내 기어이 성취하여 구류 구제
최선 다해 큰 은혜를 보답하리

수보리가 부처님께 여쭈었다.
"이상과 같은 말씀을 듣고 참답게 믿음
을 낼 중생이 있겠습니까?"
"수보리야, 그런 말을 말라. 내가 열반
한 뒤 오백 세가 지난 후라도 계행을 갖
추고 복을 닦는 사람이 있어서 이 글귀
에 능히 믿는 마음을 내어 이로써 참다
움을 삼을 것이니라.
마땅히 알라. 이 사람은 한 부처님, 두
부처님, 세 부처님, 네 부처님, 다섯 부
처님에게만 선근을 심은 것이 아니라 이
미 한량없는 천만 부처님 처소에서 선근
을 심었기에 이 글귀를 듣고 지극한 한
생각에 깨끗한 믿음을 내니라."

금강반야바라밀
금강반야바라밀
금강반야바라밀

금구성언 말씀대로 실천 다해
내 기어이 성취하여 구류 구제
최선 다해 큰 은혜를 보답하리

🌸 금강의 노래 2

일 없는 경지인 부처님, 중생 위해
한순간도 쉼 없이 일심전력 쏟으시네.

수보리가 부처님께 여쭈었다.
"세존이시여, 부처님께서 아뇩다라삼먁
삼보리를 얻으셨다 하나 얻은 바 없습니
다."
"그렇고 그렇다 수보리야. 나에게는 아
뇩다라삼먁삼보리나 그 어떤 조그마한
법도 얻음이 없으니 이를 이름하여 아뇩
다라삼먁삼보리라 하니라.
수보리야 이 법은 평등하여 높고 낮음
이 없기에 이를 이름하여 아뇩다라삼먁
삼보리라 하니라. 아도 없고, 인도 없고,
중생도 없고, 수자도 없이 모든 선법을
닦아야 곧 아뇩다라삼먁삼보리를 얻느니
라.

금구성언 말씀대로 실천 다해
내 기어이 성취하여 구류 구제
최선 다해 큰 은혜를 보답하리

수보리야 선법이라고 말한 것도 여래가
곧 선법도 아닌 이것을 이름하여 선법이
라 할 뿐이니라.
수보리야 만일 어떤 사람이 삼천대천세
계 가운데 있는 모든 수미산왕만 한 일
곱 가지 보배 무더기로 보시한다 해도
이 반야바라밀경의 네 글귀 게송만이라
도 받아 지녀 읽고 외워서 다른 사람을
위하여 설하여 주는 이가 있다면 앞에서
일곱 가지 보배로 보시한 복덕으로는 백

천만억의 일에도 미칠 수 없느니라.
왜냐하면 그 복덕은 끝없는 미래에 누
리기 때문이니라.

다른 사람을 위하여 어떻게 말하여 주
겠느냐?
취할 상이란 것도 없으니 이러-하고 이
러-해서 움직임이 없도록 하라.
왜냐하면 모든 함이 있는 법은 꿈 같고,
허깨비 같고, 물거품 같고, 그림자 같으
며, 이슬 같고, 번개 같아서 마땅히 이
러-히 보아야 하기 때문이니라.

금구성언 말씀대로 실천 다해
내 기어이 성취하여 구류 구제
최선 다해 큰 은혜를 보답하리

반야의 노래

일 없는 경지인 부처님, 중생 위해
한순간도 쉼 없이 일심전력 쏟으시네

내면 향해 비춰보는 지혜로써 이 몸 공함 바로 보아
나고 죽는 모든 괴로움 벗어나신 관자재의 말씀
들어보오

색이라 하나 공과 다르지 아니하고
공이라 하나 색과 다르지 아니하여
색 그대로 공이고, 공 그대로 색이며
받는 것, 생각하는 것, 행하는 것, 분별도 그렇다네

모든 법의 상도 또한 공했나니
나고 죽음 본래 없고 더럽지도 깨끗지도 아니하며
늘지도 줄지도 않는다네

금구 성언 옳은 말씀
수행이란 힘이 들어도
고비 넘겨 이뤄만 봐요
더 없는 행복을 이루네

공 가운데 색 없어서, 받는 것, 생각하는 것, 행하
는 것, 분별도 없고
눈과 귀와 코와 혀, 몸과 뜻도 없고
빛과 소리, 향기와 맛, 닿는 것과 법도 없어
눈으로 볼 경계 없어 뜻으로 분별할 경계도 없고
무명 없고 무명 다함 또한 없다시네
그러므로 늙고 죽음 없고, 늙고 죽음 다한 것도
본래 없어
고와 집과 멸과 도도 없다 하고
지혜도 없고 또한 얻음마저 없으니, 얻을 바 없는
까닭이라네

금구 성언 옳은 말씀
이 경지가 힘이 들어도
굽이 넘겨 이뤄만 봐요
영원한 행복을 이루네

보살님들 반야바라밀다를 의지하는 까닭으
로 마음에 걸림 전혀 없고
걸림 없는 까닭으로 두려움이 전혀 없어
엎어지고 거꾸러진 꿈결 같은 생각들이
전혀 없어 마침내 열반이라네

삼세 모든 부처님도 지혜로써 저 언덕에 이
르름을 의지한 고로
무상정변정각 이뤘나니 그러므로 알지어다
반야바라밀다는 이러-히 크게 신령한 주며
이러-히 크게 밝은 주며
이러-히 위없는 주며 이러-히 차별 없는 차별
하는 주라
능히 모든 괴로움을 없앤다 함 진실이지 거
짓 없네

아제 아제 바라아제 바라승아제 모지 사바하
아제 아제 바라아제 바라승아제 모지 사바하
아제 아제 바라아제 바라승아제 모지 사바하

금구 성언 옳은 말씀
이 경지를 최선을 다해
이룬다면 끝없는 삶에
영원한 행복을 이루네

치유의 노래

요즈음의 우울증과 가지가지 신경성 질환에 시달리는 사람들
세상에서 들리는 저 모든 소리들을
나의 내면에서 듣는 곳을 향해 비춰보오
쉬운 일은 아니지만 포기하지 않고
듣는 곳을 향해 보고 또 보는 것을
하루 이틀 한 달 두 달 지속하다 보면
어느 날 밖이 없는 고요를 체험하게 될 것일세
얼씨구나 좋네 지화자 좋네 아니아니 그러한가

그 고요를 지속하도록 노력하노라면
어느 날 대상 없는 미소와 동시에 편안함을 체험하게 될 것일세
밖이 없는 이 고요의 편안함을 즐기다 보면
어느 날 밖의 어느 인연을 맞아 그 실체인 자신을 발견할 것일세
이 실체를 발견한 뒤 세상을 살아가는 과정에서
어려운 일이 있으면 바로 그 실체에 비춰 보게
그 어려운 것들이 사라지고 밖이 없는 고요로운 실체의 자신이
대상 없는 미소를 짓게 될 것일세
얼씨구나 좋네 지화자 좋네 아니아니 그러한가

효

1. 아들 딸이 귀엽고 사랑스런 그 속에 우리들의 부모님
어려움에도 끝내 가르치고 기른 정 이제 읽으며
늦은 눈물로써 불초를 뉘우치며 맹세하고 다짐하는
아들 딸이 여기 있으니, 건강히 오래만 사시기를
손 모아 손을 모아 간절하게 바라고 또 바라는
기도를 하옵니다 부모님 입이 귀에 걸리시게 할 겁니다

2. 어렵고도 어려운 보릿고개 그 속에 우리들을 먹이고
가르치느라 정말 그 얼마나 고생이 되셨습니까
허리 두 끈으로 졸라맨 아픔으로 사셨죠
정말정말 오래도록 건강하게만 계셔주신다면
아들 딸을 낳으시고 길러주신 그 노고에 크게 보답할 겁니다
아버님 어머님의 입이 귀에 걸리시게 할 겁니다

내 말 좀 들어봐요

모두모두 내 말 좀 들어봐요
이 몸이 내가 아니라 이 마음이 나 아닌가
살아가는 생활 속에 명상을 하여
이 맘 찾아 나를 삼아 살아를 봐요
모든 속박 모든 괴롬 벗어나는 아주 좋은 일이니
이제라도 안 늦으니 명상으로 뜻 이루어
영원한 생명, 영원한 행복 우리 모두 누려들 보세
사막화를 막고 사막 경영 시대를 열자

사막화로 급속히 변해가는 이 지구를
방치해선 아니 되네 방치하면
지구가 생긴 이래 최악의 상태 됨은
불을 보듯 뻔한 일일세, 하지만

육십 억의 온 인류가 한 마음 한 뜻 되어
황무지는 돌나물로 푸른 초원 만들고
확장되는 사막화를 배수관의 바닷물로 막는다면
지구가 생긴 이래 가장 살기 좋은 시대를
인류는 맞을 걸세

아리랑 아리랑 아라리요
아리랑 고개를 넘어간다
청천 하늘엔 잔별도 많고
이내 가슴엔 희망도 많다

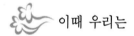 사막은 지구의 심장

21세기는 사막 경영 시대를 열어
연구에 노력을 다한다면
지상 낙원이 인류에게 달려와서 맞을 걸세

육십 억의 온 인류가 손에 손잡고 한 뜻 되어
사랑하는 마음으로 역경을 헤쳐 나가
사막화를 막고 황무지를 초원으로
살기 좋은 지구촌을 이뤄보세
살기 좋은 지구촌을 이뤄보세

아리랑 아리랑 아라리요
아리랑 고개를 넘어간다
청천 하늘엔 잔별도 많고
이내 가슴엔 희망도 많다

이때 우리는

1. 화산의 폭발로 해서 사람들과 모든 것이 용암펄로 화해버린
이 막막한 우리들을 올바르게 영원으로 끌어주실
성인 중의 성인이신 불보살님 나라에 가 나는 게 꿈이네

2. 태풍이 인가를 덮쳐 다정했던 이웃들은 간 곳 없고
어지러운 벌판 되어 처참하고 참담하기 그지없는 무상한
이 현실에 의지할 분, 생명 밝혀 영원케 한 부처님 뿐이네

3. 지진이 우리의 삶을 삼켜버려 초토화가 되어버린
허망하기 그지없는 우리들의 현실에선 사방천지 둘러봐도
의지해야 할 분은 자신 깨쳐 누리라 한 부처님 뿐이네

잘 사는 비결

참지 못한 결과는 어려움이 닥치고
참고 참는 결과는 좋은 일이 온다네
친구들아 모든 일 힘을 합쳐 맞으면
못 이룰 일 없지만
니 떡 너 먹고 내 떡 나 먹는 그럼 마음 쓴다면
될 일도 아니 된다네
우리 서로 뜻을 합쳐 모두모두 잘 살아보세
이미 이룬 과학문명 선용을 해서 용맹심을 내어
모든 일에 임한다면 행복이 줄을 서서 올 걸세
아리랑 아리랑 아라리요
아리랑 고개를 넘어간다
청천 하늘엔 잔별도 많고
이내 가슴엔 희망도 많다

용서한 결과로는 웃는 날을 맞이하고
베푼 뒤엔 참 좋은 이웃들이 생기네
친구들아 서로들 힘을 합쳐 임하면
못할 일이 없지만
니 떡 너 먹고 내 떡 나 먹는 그런 마음 쓴다면
될 일도 아니 된다네
오늘부터 뜻을 합쳐 우리 한번 잘 살아보세
이미 이룬 과학문명 선용을 해서 용맹심을 내어
모든 일에 임한다면 행복이 줄을 서서 올 걸세
아리랑 아리랑 아라리요
아리랑 고개를 넘어간다
청천 하늘엔 잔별도 많고
이내 가슴엔 희망도 많다

만들자

1. 빌딩숲의 실외기 열
오고가는 차 배기가스
사람소리 기계소리를
원림 속의 새소리와
개울소리 미풍소리
그것으로 만들자 만들자 만들자

2. 이익 따져 주고받는
설왕설래 어지러움
높고 낮은 금속음들을
매미소리 물소리와
노래하는 환경으로
우리 함께 만들자 만들자 만들자

3. 하늘 맑고 별이 빛난
조용하고 시상 뜨는
그런 환경 거닐면서
손에 손을 마주 잡고
노래하는 세상으로
우리 함께 만들자 만들자 만들자

정직하고 착한 마음

1. 정직하고 착한마음
우리모두 실천하면

먼저 가정 화평하고
웃음 꽃에 향내나며

이웃간에 믿음 깊어
서로 소통 이뤄져서

나라위한 일이라면
솔선수범 모두하고

서로 믿는 사회여서
안되는 일 없을걸세

서로 믿고 웃는 사회
우리 모두 힘 모아서
낙원 나라 이뤄내어
세계 이끈 나라 되세

2. 정직하고 착한 행동
우리 모두 실천하면

믿는 마음 두려워져
서로서로 돕게 되고

그리되면 힘 모아서
일일마다 쉬 이뤄져

앞서가는 나라되고
대접받는 국민되어

곳곳에서 우러르는
그런 국민 될 것일세

서로 믿고 웃는 사회
우리 모두 힘 모아서
낙원 나라 이뤄내어
세계 이끈 나라되세

3. 이런 마음 이런 행이
우리 조상 바탕이니

우리 국민 이뤄내어
봉화적인 나라로써

지구촌을 낙원으로
이뤄내는 나라되어

가는 곳곳 두르르는
그런 국민 그런 나라

그런 조상 그런 사상
꽃 피우는 국민 되세

서로 믿고 웃는 사회
우리 모두 힘 모아서
낙원 나라 이뤄내어
세계 이끈 나라 되세

도서출판 문젠(Moonzen)의 책들

1~5. 바로보인 전등록 (전30권을 5권으로)

7불과 역대 조사의 말씀이 1,700공안으로 집대성되어 있는 선종 최고의 고전으로, 깨달음의 정수가 살아 숨쉬도록 새롭게 번역되었다.

464, 464, 472, 448, 432쪽.

각권 18,000원

6. 바로보인 무문관

황룡 무문 혜개 선사가 저술한 공안집으로 전등록, 선문염송, 벽암록 등과 함께 손꼽히는 선문의 명저이다.

본칙 48개와 무문 선사의 평창과 송, 여기에 역저자인 대원 선사의 도움말과 시송으로 생명과 같은 선문의 진수를 맛보여 주고 있다.

272쪽. 12,000원

7. 바로보인 벽암록

설두 선사의 설두송고를 원오 극근 선사가 수행자에게 제창한 것이 벽암록이다.

이 책은 본칙과 설두 선사의 송, 대원 선사의 도움말과 시송으로 이루어져, 벽암록을 오늘에 맞게 바로 보이고 있다.

456쪽. 15,000원

8. 바로보인 천부경

우리 민족 최고(最古)의 경전 천부경을 깨달음의 책으로 새롭게 바로 보였다. 이 책에는 81권의 화엄경을 81자에 함축한 듯한 천부경과, 교화경, 치화경의 내용이 함께 담겨 있으며, 역저자인 대원 선사가 도움말, 토끼뿔, 거북털 등으로 손쉽게 닦아 증득하는 문을 열어 놓고 있다.

432쪽. 15,000원

9. 바로보인 금강경

대원 선사의 『바로보인 금강경』은 국내 최초로 독창적인 과목을 내어 부처님과 수보리 존자의 대화 이면의 숨은 뜻을 드러내고, 자문과 시송으로 본문의 핵심을 꿰뚫어 밝혀, 금강경 전체를 손바닥 안의 겨자씨를 보듯 설파하고 있다.

488쪽. 15,000원

10. 세월을 북채로 세상을 북삼아

대원 선사의 선시가 담긴 선시화집 『세월을 북채로 세상을 북삼아』는 선과 시와 그림이 정상에서 만나 어우러진 한바탕이다.
선의 세계를 누리는 불가사의한 일상의 노래, 법열의 환희로 취한 어깨춤과 같은 선시가 생생하고 눈부시게 내면의 소리로 흐른다.

180쪽. 15,000원

11. 영원한현실

애매모호한 구석이 없이 밝고 명쾌하여, 너무도 분명함에 오히려 그 깊이를 헤아리기 어려운, 대원 선사의 주옥같은 법문을 모아 놓은 법문집이다.

400쪽. 15,000원

12. 바로보인 신심명

신심명은 양끝을 들어 양끝을 쓸어버리는, 40 대치법으로 이루어진, 3조 승찬 대사의 게송이다. 이를 대원 선사가 바로 번역하는 것은 물론, 주해, 게송, 법문을 더해 통쾌하게 회통하고 자유자재 농한 것이 이 『바로보인 신심명』이다.

296쪽. 10,000원

13~17. 바로보인 환단고기 (전5권)

『바로보인 환단고기』 1권은 민족정신의 정수인 환단고기의 진리를 총정리하여 출간하였다. 2권에는 역사총론과 태초에서 배달국까지 역사가 실려 있으며, 3권은 단군조선, 4권은 북부여에서부터 고려까지의 역사가 실려 있다. 5권에는 역사를 증명하는 부록과 함께 환단고기 원문을 실었다.

344 · 368 · 264 · 352 · 344쪽. 각권 12,000원

18~47. 바로보인 선문염송 (전30권)

선문염송은 세계최대의 공안집이다. 전 공안을 망라하다시피 했기에 불조의 법 쓰는 바를 손바닥 들여다보듯 하지 않고 는 제대로 번역할 수 없다. 대원 선사는 전 공안을 바로 참구할 수 있게끔 번역하 고 각 칙마다 일러보였다.

352 368 344 352 360 360 400 440 376 392
384 428 410 380 368 434 400 404 406 440
424 460 472 456 504 528 488 488 480 512쪽
각권 15,000원

48. 앞뜰에 국화꽃 곱고 북산에 첫눈 희다

대원 선사의 선문답집으로 전강·경봉·숭 산·묵산 선사와의 명쾌한 문답을 실었으며, 중앙일보의 <한국불교의 큰스님 선문답> 열 분의 기사와 기자의 질문에 대한 대원 선사 의 별답을 함께 실었다.

200쪽. 5,000원

49. 바로보인 증도가

선종사에 사라지지 않을 발자취로 남은 영가 선사의 증도가를 대원 선사가 번역하고 법문 과 송을 더하였다.

자비의 방편인 증도가의 말씀을 하나하나 쳐 가는 선사의 일갈이야말로 영가 선사의 본 의중과 일치하여 부합하는 것이라 아니할 수 없다.

376쪽. 10,000원

50. 바로보인 반야심경

이 시대의 야부(冶父)선사, 대원 선사가 최초로 반야심경에 과목을 붙여 반야심경 내면에 흐르는 뜻을 밀밀하게 밝혀놓고 거침없는 송으로 들어보였다.

264쪽. 10,000원

51~52. 선(禪)을 묻는 그대에게 (전10권 중 2권)

대원 선사의 선수행에 대한 문답집.

깨달아 사무친 경지에 대한 밀밀한 점검과, 오후보림에 대한 구체적인 수행법 제시와, 최초의 무명과 우주생성의 원리까지 낱낱이 설한 법문이 담겨 있다.

280쪽, 272쪽. 각권 15,000원

53. 바로보인 선가귀감

선가귀감은 깨닫고 닦아가는 비법이 고스란히 전수되어 있는 선가의 거울이라 할 만하다. 더욱이 바로보인 선가귀감은 매 소절마다 대원 선사의 시송이 화살을 과녁에 적중시키듯 역대 조사와 서산대사의 의중을 꿰뚫어 보석처럼 빛나고 있다.

352쪽. 15,000원

54. 바로보인 법융선사 심명

심명 99절의 한 소절, 한 소절이 이름 그대로 마음에 새겨두어야 할 자비광명들이다.

이 심명은 언어와 문자이면서 언어와 문자를 초월한 일상을 영위하게 하는 주옥같은 법문이다.

278쪽. 12,000원

55. 주머니 속의 심경

반야심경은 부처님이 설하신 경 중에서도 절제된 경으로 으뜸가는 경이다. 대원 선사의 선송(禪頌)도 그 뜻을 따라 간략하나 선의 풍미를 한껏 담고 있다. 하루에 한 소절씩을 읽고 참구한다면 선 수행의 지름길이 될 것이다.

84쪽. 5,000원

56. 바로보인 법성게

법성게는 한마디로 화엄경의 핵심부를 온통 훤출히 드러내놓은 게송이다. 짧은 글 속에 일체의 법을 이렇게 통렬하게 담아놓은 법문도 드물 것이다.

이렇게 함축된 법성게 법문을 대원 선사가 속속들이 밀밀하게 설해놓았다.

176쪽. 10,000원

57. 달다 - 전강 대선사 법어집

이제는 전설이 된 한국 근대선의 거목인 전강 선사님의 최상승법과 예리한 지혜, 선기로 넘쳤던 삶이 생생하게 담겨 있는 전강 대선사 법어집 < 달다 > !

전강 대선사님의 인가 제자인 대원 선사가 전강 대선사님의 법거량과 법문, 일화를 재조명하여 보였다.

368쪽. 15,000원

58. 기우목동가

그 뜻이 심오하여 번역하기 어려웠던 말계 지은 선사의 기우목동가!

대원 선사가 바른 뜻이 드러나도록 번역하고, 간결한 결문과 주옥같은 선송으로 다시 보였다.

146쪽. 10,000원

59. 초발심자경문

이 초발심자경문은 한문을 새기는 힘인 문리를 터득하게 하기 위하여 일부러 의역하지 않고 직역하였다.

대원 선사의 살아있는 수행지침도 실려 있다.

266쪽. 10,000원

60. 방거사어록

방거사어록은 선의 일상, 선의 누림을 보여주는 대표적인 선문이다. 역저자인 대원 선사는 방거사어록의 문답을 '본연의 바탕에서 꽃피우는 일상의 함'이라 말하고 있다. 법의 흔적마저 없는 문답의 경지를 온전하게 드러내 놓은 번역과, 방거사와 호흡을 함께 하는 듯한 '토끼뿔'이 실려 있다.

306쪽. 15,000원

61. 실증설

이 책의 모태는 대원 선사가 2010년 2월 14일 구정을 맞이하여 불자들에게 불법의 참뜻을 보이기 위해 홀연히 펜을 들어 일시에 써내려간 이 책의 3부이다. 실증한 이가 아니고는 설파할 수 없는 일구 도리로 보인 이 3부와 태초로부터 영겁에 이르는 성품의 이치를 문답과 인터뷰 법문으로 낱낱이 설한 1, 2를 보아 실증하기를…

224쪽. 10,000원

62. 하택신회대사 현종기

육조대사의 법이 중국천하에 우뚝하도록 한 장본인, 하택신회대사의 현종기. 세간에 지해종도로 알려져 있는 편견을 불식시키는 뛰어난 깨달음의 경지가 여기에 담겼있다. 대원 선사가 하택신회대사의 실경지를 드러내고 바로보임으로써 빛냈다.

232쪽. 10,000원

63. 불조정맥 - 韓·英·中 3개국어판

석가모니불로부터 현 78대에 이르기까지 불조정맥진영(佛祖正脈眞影)과 정맥전법게(正脈傳法偈)를 온전하게 갖춘 최초의 불조정맥서. 대원 선사가 다년간 수집, 정리하여 기도와 관조 끝에 완성한 『불조정맥』을 3개국어로 완역하였다.

216쪽. 20,000원

64. 바른 불자가 됩시다

참된 발심을 하여 바른 신앙, 바른 수행을 하고자 해도, 그 기준을 알지 못해 방황하는 불자님들을 위해 불법의 바른 길잡이 역할을 하도록 대원 선사가 집필하여 출간하였다.

162쪽. 10,000원

65. 누구나 궁금한 33가지

21세기의 인류를 위해 모든 이들이 가장 어렵고 궁금해 하는 문제, 삶과 죽음, 종교와 진리에 대한 바른 지표를 제시하고자 대원 선사가 집필하여 출간하였다.

180쪽. 10,000원

66. 108진참회문 - 韓・英・中 3개국어판

전생의 모든 악연들이 사라져 장애가 없어지고, 소망하는 삶을 살게 하기 위해 대원 선사가 10계를 위주로 구성한 108 항목의 참회문이다. 한 대목마다 1배를 하여 108배를 실천할 것을 권한다.

170쪽. 15,000원

67. 달마의 일할도 허락지 않는다

대원 선사의 짧고 명쾌한 법문집.
책을 잡는 순간 달마의 일할도 허락지 않는 선기와 맞닥뜨리게 될 것이다. 때로는 하늘을 찌를 듯한 기세와, 때로는 흔적 없는 공기와도 같은 향기를 일별하기를…

190쪽. 10,000원

68. 마음대로 앉아 죽고 서서 죽고

생사를 자재한 분들의 앉아서 열반하고 서서 열반한 내력은 물론 그분들의 생애와 법까지 일목요연하게 수록해놓았다.

446쪽. 15,000원

69. 화두 - 韓·英·中 3개국어판

『화두』는 대원 선사의 평생 선문답의 결정판이다. 생생하게 살아있는 선(禪)을 한·영·중 3개국어로 만날 수 있다. 특히 대원 선사의 짧은 일대기가 실려 있어 그 선풍을 음미하는 데에 큰 도움을 주고 있다.

440쪽. 15,000원

70. 바로보인 간당론

법문하는 이가 법리를 모르고 주장자를 치는 것을 눈먼 주장자라 한다. 법좌에 올라 주장자 쓰는 이들을 위해서 대원 선사가 간당론에서 선리(禪理)만을 취하여 『바로보인 간당론』을 출간하였다.

218쪽. 20,000원

71. 완전한 우리말 불공예식법

부처님께 공양을 올리고 불보살님의 가피를 구하는 예법 등을 총칭하여 불공예식법이라 한다. 대원 선사가 이러한 불공예식의 본뜻을 살려서 완전한 우리말본 불공예식법을 출간하였다.

456쪽. 38,000원

72. 바로보인 유마경

유마경은 가히 불법의 최정점을 찍는 경전이라 할 것이니, 불보살님이 교화하는 경지에서의 깨달음의 실경과 신통자재한 방편행을 보여주는 최상승 경전이다. 대원 선사가 < 대원선사 토끼뿔 >로 이 유마경에 걸맞는 최상승법을 이 시대에 다시금 드날렸다.

568쪽. 20,000원

73. 실증설 5개국어판 - 韓·英·佛·西·中

대원 선사가 불법의 참뜻을 보이기 위해 홀연히 펜을 들어 일시에 써내려간 실증설! 실증한 이가 아니고는 설파할 수 없는 도리로 가득한 이 책이 드디어 영어, 불어, 스페인어, 중국어를 더하여 5개국어로 편찬되었다.

860쪽. 25,000원

74. 누구나 궁금한 33가지 3개국어판 - 韓·英·中

누구라도 풀어야 할 숙제인 33가지의 의문에 대한 답을 21세기의 현대인에게 맞는 비유와 언어로 되살린 『누구나 궁금한 33가지』가 한글, 영어, 중국어 3개국어로 출간되었다.

408쪽. 15,000원

75. 달마의 일할도 허락지 않는다 3개국어판 - 韓·英·中

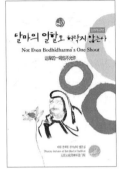

대원 선사의 짧고 명쾌한 법문집인 『달마의 일할도 허락지 않는다』가 한글, 영어, 중국어 3개국어로 출간되었다. 전세계에서 유일하게 활선의 가풍이 이어지고 있는 한국, 그 가운데에서도 불조의 정맥을 이은 대원 선사가 살활자재한 법문을 세계로 전하고 있는 책이다.

308쪽. 15,000원

76~104. 화엄경 (전81권 중 32권)

대원 선사는 선문염송 30권, 전등록 30권을 모두 역해하여 세계 최초로 1,463칙 전 공안에 착어하였다. 이러한 안목으로 대천세계를 손바닥의 겨자씨 들여다보듯 하신 불보살님들의 지혜와 신통으로 누리는 불가사의한 화엄세계를 열어 보였다.

206, 256, 264, 278, 240, 288, 276, 224, 220, 236, 200, 208, 252, 224, 258, 302, 270, 249, 288, 244, 234, 228, 282, 240, 225, 220, 240 264, 224, 237, 215쪽.

각권 15,000원

105. 법성게 3개국어판 - 韓·英·中

법성게는 한마디로 화엄경의 핵심부를 훤출히 드러내놓은 게송으로 짧은 글 속에 일체법을 고스란히 담아 놓았다. 대원 선사의 통쾌한 법성게 법문이 한영중 3개국어로 출간되었다.

376쪽. 15,000원

106. 정법의 원류

『정법의 원류』는 불조정맥을 이은 정맥선원의 소개서이다. 정맥선원은 불조정맥 제77조 조계종 전강 대선사의 인가 제자인 대원 전법선사가 주재하는 도량이다. 『정법의 원류』를 통해 정맥선원 대원 선사의 정맥을 이은 법과 지도방편을 만날 수 있다.

444쪽. 20,000원

107. 바로보인 도가귀감

도가귀감은, 온통인 마음〔一物〕을 밝혀 회복함으로써, 생사를 비롯한 모든 아픔과 고를 여의어, 뜻과 같이 누려서 살게 하고자 한 도교의 뜻을, 서산대사가 밝혀놓은 책이다. 대원 선사가 부록으로 도덕경의 중대한 대목을 더하고, 그 대목대목마다 결문(決文)하였다.

218쪽. 12,000원

108. 바로보인 유가귀감

유가귀감은 서산대사가 간추려놓은 구절로서, 간결하지만 심오하기 그지없으니, 간략한 구절 속에서 유교 사상을 미루어볼 수 있게 하였다. 대원 선사가 그 뜻이 잘 드러나게 번역하고 그 대목대목마다 결문(決文)하였다.

236쪽. 15,000원

출간도서

바로보인 전등록 전 5권
바로보인 무문관
바로보인 벽암록
바로보인 천부경·교화경·치화경
바로보인 금강경
세월을 북채로 세상을 북삼아
영원한 현실
바로보인 신심명
바로보인 환단고기 전 5권
바로보인 선문염송 전 30권
앞뜰에 국화꽃 곱고 북산에 첫눈 희다
바로보인 증도가
바로보인 반야심경
선을 묻는 그대에게 1·2
바로보인 선가귀감
바로보인 법융선사 심명
주머니 속의 심경
바로보인 법성게
달다 -전강 대선사 법어집
기우목동가
초발심자경문
방거사어록

실증설
하택신회대사 현종기
불조정맥 - 한·영·중 3개국어판
바른 불자가 됩시다
누구나 궁금한 33가지
108진참회문 - 한·영·중 3개국어판
달마의 일할도 허락지 않는다
마음대로 앉아 죽고 서서 죽고
화두 - 한·영·중 3개국어판
바로보인 간당론
완전한 우리말 불공예식법
바로보인 유마경
실증설 5개국어판 - 한·영·불·서·중
누구나 궁금한 33가지 3개국어판
- 한·영·중
달마의 일할도 허락지 않는다
3개국어판 - 한·영·중
화엄경 전 81권 중 31권
법성게 3개국어판 - 한·영·중
정법의 원류
바로보인 도가귀감
바로보인 유가귀감

출간예정 도서

화엄경 33권 ~ 81권
바로보인 능엄경 제6권
바로보인 원각경
바로보인 육조단경
바로보인 대전화상주 심경
바로보인 전등록 전 30권
바로보인 위앙록
해동전등록
말 밖의 말
언어의 향기

농선 대원 선사 선송집
진리와 과학의 만남
바로보인 5대 종교
금강경 야부송과 대원선사 토끼뿔
선재동자 참알 오십삼선지식
경봉선사 혜암선사 법을 들어 설하다
십현담 주해
불교대전
태고보우선사어록

법문 MP3를 주문판매합니다

부처님의 78대손이신 농선 대원 전법선사님의 법문 MP3가 나왔습니다. 책으로만 보아서는 고준하여 알기 어려웠던 선문의 이치들이 자세히 설하여져 있어서, 모든 궁금증을 시원하게 풀어줄 것입니다.

- 천부경 : 15,000원
- 신심명 : 30,000원
- 현종기 : 65,000원
- 기우목동가 : 75,000원
- 반야심경 : 1회당 5,000원 (총 32회)
- 선가귀감 : 1회당 5,000원 (총 80회)

- 금강경 : 40,000원
- 법성게 : 10,000원
- 법융선사 심명 : 100,000원

대원 선사님 작사 노래 CD 주문판매합니다

가슴으로 부르는
불심의 노래

1. 서원가 (3:36)
2. 반조 염불가 (4:00)
3. 소중한 삶 (2:30)
4. 석가모니불 (4:52)
5. 맹서의 노래 (4:25)
6. 염원의 노래 (3:25)
7. 음성 공양 (3:51)
8. 발심가 (3:05)
9. 자비의 품 (4:10)
10. 부처님 은혜(첫 번째) (4:34)

11. 보살의 마음 (3:50)
12. 이 생에 꼭 해야 할 일 (3:06)
13. 구도의 목표 (3:18)
14. 님은 아시리 (3:42)
15. 부처님 은혜(두 번째) (4:34)
16. 성중성인 오셨네 (3:10)
17. 내 문제는 내가 풀자 (2:38)
18. 즐거운 밤 (2:27)
19. 권 음 가 (2:48)

• 가격 : 2만원

가슴으로 부르는
불심의 노래 2

1. 부 처 님 (4:01)
2. 열반재일 (3:09)
3. 성도재일 (4:00)
4. 석굴암의 노래 (3:19)
5. 님의 모습 (3:15)
6. 믿고 따르세 (2:55)
7. 신명을 다하여 (4:17)
8. 부처님께 바치는 마음 (3:49)
9. 감사합니다 (3:10)
10. 교 화 가 (4:30)

11. 섬진강 소초 (3:08)
12. 권 수 가[1] (3:02)
13. 권 수 가[2] (3:02)
14. 우란분재일 (3:38)
15. 고맙습니다 (2:31)
16. 믿음으로 여는 세상 (3:05)
17. 출가재일 (2:44)
18. 열 린 문 (2:52)
19. 우리네 삶, 고운 수로 (2:35)
20. 숨속의 마음 (2:33)

• 가격 : 1만5천원

문의 전화 ☎ 031-534-3373

유튜브에서 채널 구독하시고
무료로 찬불가 앨범을 감상하세요

유튜브에서 MOONZEN을 검색하시거나
아래의 주소로 접속해주세요

http://www.youtube.com/user/officialMOONZEN

화엄경 32권은 육조사 청도정맥선원 성진 이재숙, 증운 강은미, 증경 강순 연 본연님, 강원진님의 보시에 의해 출간되었습니다. 이 무량공덕으로 구 경성불하시기를 기원합니다.